差別のカラクリ

奥田 均
Okuda Hitoshi

解放出版社

まえがき

　これまで当たり前だと受けとめてきた事柄が、ふと周りを見渡すと、当たり前でもなんでもなくなりつつあることに気づかされます。半信半疑で眺めているうちに、ぞっとさせられる現実にゆきあたることも珍しくありません。

　例えば小学校や中学校にかかわる「自由校区」の議論です。「越境通学は差別だ！　差別越境を根絶しよう！」とのスローガンを掲げて、通学校区制度の徹底を教育行政は推進してきました。ところが今、教育活性化の切り札として、「校区の自由化」が堂々と主張され、導入され始めています。

　「不安定就労の実態こそが差別の現実だ！」と告発し、「安定した仕事の確保は部落問題解決の中心的課題である」と訴えて、仕事保障の取り組みを進めてきたのは周知のとおりです。ところが世の中はいつの間にか、日雇い労働者や臨時工を「フリーター」と呼び、社外工を「派遣」と読み替えて、新しい働き方のトレンドにしてしまったのです。

　主権在民、基本的人権の尊重と並ぶ、日本国憲法の3本柱の一つとして世界に誇ってきた平和主義でさえ、そのシンボルをなす第9条が改憲論議の焦点となっています。

　雰囲気に流されずに、もう一度、きちんと考えてみることの大切さをひしひしと感じます。こうした作業を怠るところに、反動の疫病神はスルリと入り込んでくるに違いありません。

　隔世の感を覚えるそんな社会動向のひとつに、部落問題をめぐる議論が位置しています。「今昔物語」ではありませんが、「今昔（今は昔）……となむ語り伝えたるや」と口にしたくなるような変化が、部落問題を取

り巻く状況として進行しています。

　「部落差別はまだあるのですか」と真顔で尋ねる人とあちこちで出会います。行政の方から、「『地対財特法』という同和対策事業にかかわる法律が2002年3月に期限切れを迎えたので、同和行政を続けることがむずかしくなりました」と話されることもあります。

　「部落差別はまだ残されているかって？　そんなの当たり前じゃないですか」と簡単に片付けるのではなく、「部落差別は本当に残されているのだろうか。だとすれば、それはどんな形で残されているのでしょう」と一つひとつ丁寧に押さえ直していく作業が改めて問われているような気がします。「何をつまらない心配をしているのですか。いい加減にしてください」と切り捨てるのではなく、もう一度、きちんと考えてみることが今、部落問題に求められています。

　ただしそれは、これまでどおりのことを単に再確認することではありません。社会は変化しているのですから、社会問題にもまた、発展的にリニューアルした理解が問われてきます。急速な状況の変化は、「部落問題認識の創造的再整理」の作業を求めているのだと感じています。

　本書は、そんな大それたテーマに、ひとつチャレンジしてみようと蛮勇をふるいたたせて取り組んだものです。「反動の疫病神につけ込む隙(すき)を与えてなるものか」と念じながらの挑戦です。

　本書は、「5領域論」という差別の現実認識と「関係論」という差別のとらえ方を主題にして、筆者の部落問題認識を展開しています。

　「解放理論」と呼ばれるこうした部落問題認識に関心を持ち始めるきっかけとなったのは、1992年に再開された部落解放同盟中央理論委員会の「第三期運動論部会」に主任として参画する機会を得たことに始まります。「関係論」をはじめて公の場で提起したのも、1993年1月に開催された同委員会の第2回作業部会においてでした。部会に提出した意見書は、『部落解放への挑戦――「補償」から「建設」へ』(解放出版社、1994年)として上梓し、「関係論」はその「第5章　人権確立をめざす社会

変革への挑戦」で展開しています。

『人権のステージ──夢とロマンの部落解放』（解放出版社、1998年）ではそれを深め、「部落差別の機能とメカニズム」として提示しました。そして、『土地差別問題の研究』（解放出版社、2003年）の「第4章　部落問題認識のパラダイム転換」において、「関係論」の一定の整理をおこないました。

差別の現実認識にかかわる「5領域論」は、雑誌『解放教育』（明治図書）での連載「部落問題『再』発見」（1997年5月号～1998年4月号）で提案したのが最初です。この連載は後に加筆修正して、上記『人権のステージ──夢とロマンの部落解放』としてまとめましたが、その「第2章　差別の現れ方の全体像に迫る」で「5領域論」を提示しています。

「5領域論」と「関係論」という部落問題認識は、2000年に大阪府が実施した「同和問題の解決に向けた実態等調査」に調査委員として参画した際に、理論仮説として調査の設計に持ち込みました。筆者にとっては両論に関するはじめての実証研究となったものであり、費やした労力に値する大きな成果をもたらしてくれました。それについては『「人権の宝島」冒険──2000年部落問題調査・10の発見』（部落解放・人権研究所、2002年）で報告しています。

本書の主題である「5領域論」と「関係論」について、取り組みの経過と公表した主な出版物について紹介しましたが、それには二つの「わけ」があります。

一つの目の「わけ」は、整理の必要性の痛感です。「5領域論」や「関係論」についての提案を始めてから、振り返ってみればもうかなりの年月が経過しています。その間に公表してきたものは、自分の頭の中では互いにつながりを持ち、積み重なり、少しずつ深めてきたつもりでした。しかし、それはあくまでも自分の中での組み立てでしかないことに気づかされる出来事が起こるようになりました。

例えば、「いくつかの本にあれこれと取り上げられているようですが、

『5領域論』や『関係論』について、要するにこれだというまとまった論考はないのでしょうか」という質問です。そう言われてこれまでのものを読み返してみると、何冊もの本にばらばらに述べていることがよくわかりました。また、書いていたつもりの内容が、ずいぶん抜け落ちていたり、簡略化しすぎていたりしていることにも気づかされました。

「発展終了」ということではありませんが、気が多い性格ですから、問題意識があらぬ方向に行ってしまう前に、「部落問題認識の創造的再整理」という大義名分にかこつけて、ここで一度取りまとめておいたほうがよいのではないかと真剣に感じ始めました。それが、この間の経過を報告した一つ目の「わけ」です。

二つ目の「わけ」は、ですから本書には、これまで書いたものと内容的に重複する部分が登場することになります。そのことへの言い訳をはじめにしておきたかったのです。「そういえば、同じような内容をどこかで展開していたよな」とお感じになる皆さんがきっとおられることでしょう。「そのとおりです。それは今までこんな機会に提案してきたのです」ということをさきに白状しておき、しかし『『部落問題認識の創造的再整理』なんだから図々しくもまた書かせてもらいます」ということを告白しておきたかったのです。

部落問題を通して差別の現実認識にかかわる「5領域論」や、差別のとらえ方における「関係論」にめぐりあいました。ですから当然のこととして、本書はその記述の大半が部落問題にかかわるものになっています。

しかし筆を進めるうちに感じたのは、これは何も部落問題だけにしか当てはまらない差別認識ではないということでした。部落問題での発見は、障害者問題や在日外国人問題など、他の差別問題にも通用する差別認識であるとの確信が深まってきました。本書のタイトルを部落問題に限定せずに、広く「差別のカラクリ」として打ち出したことには、そのような思いが込められています。

本書は、文章の量を気にせずに書こうと心に決めて筆を進めました。多少ページ数を割いてでも、丁寧に表現しようということを気にして執筆しました。

　いろいろな所で話をさせてもらう機会がありますが、そんなときによく言われるのが、「話のほうがずっとわかりやすいなあ。本を書くときも、そんな感じで書いてくれたらいいのに……」という感想と注文です。「話のわかりやすさ」への評価はうれしいですが、「書いたものはわかりにくい」という指摘はこたえます。本は、読んでわかってもらえなければ何の値打ちもないからです。そのことを重々承知しているつもりでこれまで臨んできました。しかし、まだまだ十分ではないことを思い知らされています。

　これまでの一定のまとめだと感じているこの本では、こうしたことを少しでも克服したいと努力しました。「話すように書け、書くように話せ」と言われますが、そのことを常に心にとどめながら文章を綴りました。具体例もはしょらずに、多少行数をとっても紹介するように心がけました。その結果、わかりやすいと受けとめてもらえるのか、単に展開がだらだらとしているだけだと映ってしまうのか、心配はつきませんが、ご理解いただければありがたいです。

　なお本書執筆の資料収集にあたっては、大阪府人権教育研究協議会の今木誠造さん、「ちゃいるどネット大阪」の孫春美さん、八尾市人権協会の藤本高美さんより温かい協力を得ました。また出版にあたり、金井宏司さん（解放出版社）と伊原秀夫さんに大変お世話になりました。心よりお礼を申し上げます。

2009年9月1日

奥田　均

差別のカラクリ……目次

まえがき 1

第1章 差別の現実認識の発展 ……… 12

1 部落問題を考える基本的な組み立て 12
2 「差別の現実に学ぶ」ことの大切さ 13
　①部落差別があるのかないのか 13　②「差別の現実」は部落問題のDNA 15
3 これまでの差別の現実認識 16
　①水平社の時代の差別の現実認識 16　②戦後の差別の現実認識の発展 17
4 3領域論──戦後の部落差別の現実認識論 20
　①「同対審」答申の3領域論 20　②3領域論と取り組みの体系 22

第2章 5領域論　差別の現実の全体像にせまる ……… 24

1 学生たちが発見した部落差別の現実 24
　①「人権論」での失敗 24　②夏休みの宿題 26　③日常生活での生々しい実態 27
2 差別の現実認識における第4の領域 31
　①領域Ⓓの設定 31　②被差別の現実と加差別の現実 32　③「差別の現実」の解消とは 33
3 差別の現実認識における第5の領域 34
　①見えない差別に思いを馳せる 34　②躊躇・葛藤・緊張・悲しみ・怒り──第5領域の実相 36　③差別の圧力が差別の現実をねじ伏せる 44
4 「外縁領域」の設定 46

第3章 5領域論からの提起と差別の現実の検証 ……… 50

1 5領域論からの提起 50
　①部落差別があるのかないのか、その判断基準の変化 50　②実態調査活動の改革 51　③同和行政・同和教育の再構築──部落対策的発想からの脱却 53　④部落解放運動の発展の糧に 54　⑤他の差別問題への普遍性 55

2　5領域論に沿った差別の現実の検証　56
　①なお深刻な部落への差別意識——領域Ⓐの検証　56　②厳しい部落の生活の状況——領域Ⓑの検証　58　③続発する差別事件——領域Ⓒの検証　60　④横行する差別的情報と結婚差別——領域Ⓓの検証　61　⑤震える心が伝わってくる——領域Ⓔの検証　64

3　5領域論を社会的認識へ　66

第4章　存在論　差別のとらえ方・その1 ………………………… 69

1　「差別のとらえ方」をなぜ重視するのか　69
　①「差別のとらえ方」の大切さ　69　②「味の素」伝説　70

2　「存在論」という差別のとらえ方　72
　①「存在論」の論理　72　②映画「マルコムX」　74　③絶望への奈落　76

3　部落問題における「存在論」　76
　①部落分散論　76　②未指定地区問題　79　③丑松思想と宿命論　80　④「寝た子を起こすな論」　81　⑤「寝た子を起こすな論」の間違い　83

第5章　状態論　差別のとらえ方・その2 ………………………… 88

1　「状態論」という差別のとらえ方　88
　①「状態論」の論理　88　②「状態論」と「同対審」答申　89

2　「状態論」に立脚した取り組みの展開　91
　①格差是正という目標の設定　91　②特別対策事業という手法の導入　92　③対症療法的施策の展開　92　④正しい知識の付与と偏見批判　93　⑤「状態論」を支える調査活動　94　⑥戦後の部落解放運動や同和行政を支えた「3領域論」と「状態論」　95

3　「状態論」に立脚した取り組みの成果　96
　①部落の生活実態の改善　96　②市民の部落問題認識の改善　98

4　「状態論」の限界　99
　①仮説の破綻　99　②再不安定化の予兆　104

5　「存在論」「状態論」と疎外の構造　107
　①「存在論」「状態論」を支える規範　107　②M.フーコーの『狂気の歴史』　109　③疎外からの解放と新たな疎外　110　④新たな抑圧の構造　111

第6章 関係論　差別のとらえ方・その3 ……………………… 113

1 「状態論」ではとらえきれない差別の現実との遭遇　113
2 「違い」への着目から「共通性」への関心へ　115
　①「違い」に着目した「状態論」　115　②課題の共通性への関心　117
3 「関係論」という差別のとらえ方　119
　①「関係論」の論理　119　②矛盾や人権侵害の「反映」　120　③矛盾や人権侵害の「集中」　120　④差別の現実と市民の人権　122
4 介護保険問題に見る「関係論」の実際　123
　①驚くべき介護保険の申請率　123　②未申請の背景　125　③差別の現実に市民の人権の課題を発見する　126
5 デジタル・ディバイド問題に見る「関係論」の実際　128
　①部落のパソコン普及率とインターネット利用率　128　②社会のデジタル・ディバイド問題の検証　131　③「同和地区の実態」からの提案　132　④「人権の宝島」としての部落　133
6 「関係論」をイメージする　134
　①ギックリ腰からの学び　134　②「補償」から「建設」へ　136

第7章 なぜ部落に矛盾が集中するのか ……………………… 138

1 「縦」の悪循環構造──なぜ部落に矛盾が集中するのか⑴　138
　①「縦」の悪循環構造とは　138　②教育に見る悪循環の背景　140　③親の経済力の壁　141　④社会的な教育支援制度の貧困　143　⑤貧困の固定化　144
2 「横」の悪循環構造──なぜ部落に矛盾が集中するのか⑵　146
　①「横」の悪循環構造とは　146　②部落の大規模な人口移動　147　③生活実態に見る来住者像　148　④部落への来住者像と推測されるその要因　152　⑤流出者像を探る　154
3 矛盾の集中を加速させる住宅問題　159
　①公営住宅法の改定　159　②部落と公営住宅　161　③重大な社会問題としての公営住宅問題　163

第8章 「関係論」からの提案　部落解放運動の社会貢献　165

1　小中学校における教科書無償制度の実現　165
①「教科書無償法」の成立　165　②長浜地区小中学校教科書をタダにする会　166　③運動の火は国会へ　168

2　奨学金制度の改革　170
①「解放奨学金」制度の創設　170　②日本育英会奨学金の改革　171　③私立高校生超過学費返還請求訴訟（私学訴訟）　172　④新たな奨学金制度の確立へ──福岡県での挑戦　173

3　就職差別撤廃への歩み　176
①野放しの就職差別　176　②「差別だ」と見抜いた部落解放運動　182　③統一応募用紙の策定から職業選択の自由獲得へ　182

4　地域就労支援事業の創設　186
①地域就労支援事業とは　186　②「失業者にもなれない失業者」の発見──部落解放運動の面目躍如　191　③就労阻害要因の克服をめざして　192

5　個人情報の保護　193
①後を絶たない結婚差別の悲劇　193　②個人情報が盗み取られている　195　③プロの告白　196　④プライバシーの権利確立へ前進　197

第9章 「関係論」からの発展　新たな差別論の構築　200

1　差別の機能と発動　200
①差別の社会的機能　200　②機能発動のメカニズム　202　③「5領域論」と「関係論」　203

2　障害者問題での「社会モデル」と「関係論」　204
①二律背反的発想からの脱却　204　②「医学モデル」と「存在論」「状態論」　206　③「社会モデル」と「関係論」　207　④「合理的配慮」の欠如は差別である　208

3　「協働」による啓発効果　210
①「2000年大阪府部落問題調査」の意外な結果　210　②コミュニティづくり協働モデル支援事業　212　③「共同闘争」から「協働創造」へ　213

4　排除と忌避　215
①ソーシャル・インクルージョン　215　②見なされる差別──忌避意識論　216

装幀　森本良成

差別のカラクリ

第1章 差別の現実認識の発展

1…部落問題を考える基本的な組み立て

　「部落問題認識の創造的再整理に挑戦」などとたいそうな「まえがき」を書いてしまいました。しかし私が考えているその基本的な構図はいたってシンプルなものです。図1を見てください。これが私の「部落問題認識のパノラマ」です。

　部落問題に限りませんが、社会問題を考える最初の出発点は「現実」です。これを抜きにいっさいは語ることができません。部落問題の場合には「部落差別の現実」ということになります。差別の現実が存在しなければ、あとの議論は成り立ちません。もし今日、すでに部落差別の現実がなくなっているのであれば、「かつて日本社会には部落問題と呼ばれた社会問題があった」と歴史のジャンルで語られることになればいいわけです。

　ところが現実はそうではありません。差別の現実が横たわっています。これがスタートラインです。だとすれば、目標となるゴールラインの設定が求められます。それが「差別の解消」です。ただしこのゴールラインは、じっと待っていても近づいてきてはくれません。時間がたてば自動的に変化していく自然現象とは異なり、人間がつくりあげた社会現象は、放っておいては勝手に解決への道を歩んではくれません。人間がつくった社会問題は、人間の営みによってこそはじめて解決へと導かれるのです。それを「取り組み」と呼び、図1では、「差別の現実」と「差

別の解消」の間に表記しています。

「取り組み」にはさまざまな分野があります。部落解放運動もその一つの分野であり、同和行政や同和教育、企業や宗教教団、市民団体などにおける実践はすべてこの「取り組み」に包含されます。本書の作成も、こうした取り組みの一つであると自負しています。そしてこうした「取り組み」は、さまざまな組織や団体、個人によって担われます。その担い手をここでは「主体」と表現しました。「差別の現実」から出発して、「取り組み」の展開によって「差別の解消」へと進んでいくというライン、これが私にとっての部落問題を考える構図の基本中の基本です。

図1　部落問題認識のパノラマ

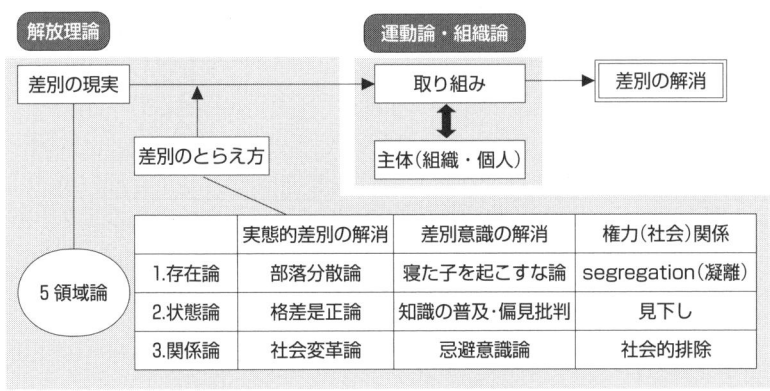

2…「差別の現実に学ぶ」ことの大切さ

1 部落差別があるのかないのか

スタートラインは「部落差別の現実」であると書きました。だとすれば、最初に問われてくるテーマは、「部落差別の現実があるのかないのか」ということになってきます。じつは、「取り組み」をめぐる意見の

第1章…差別の現実認識の発展　13

対立の多くは、この差別の現実の有無にかかわる認識の違いに起因していると思われるのです。もちろんその答えは、思い込みや思いつきで導かれてはなりません。自分の信じる主義主張から逆算して答えをつくり出すことも間違いです。みんなが納得できる共通の判断基準が必要です。

そのためにまず問われてくるのが、部落差別の現れ方に関する理解です。部落差別はどこに、どんな姿を現しているのでしょうか。何を確かめれば部落差別の有無を判断できるのでしょうか。部落問題認識における、最初のそして最も重要なテーマが、この「部落差別の現実」に関する認識論です。

「現実を認識する」と口で言うことは簡単ですが、実際はなかなかむずかしい作業です。例えばそのことを、1995年に発生した阪神・淡路大震災をテーマに考えてみましょう。今、学生たちに「阪神・淡路大震災の『被害の現実』はまだ残されていると思いますか」という質問をすると、じつにさまざまな答えが返ってきます。「すでに克服されている」という答えから、「まだ厳しく残されている」という答えまで、さまざまな回答が示されます。こうした回答の多様性を支えているのが、「阪神・淡路大震災の『被害の現実』」に関する認識論の違いです。

地震の被害はどこに、どんな形で現れているのかという認識論の違いが、現実認識の相違を生み出しています。今、地震の被害とは、阪神高速道路の横倒しに象徴されるような「建造物の崩壊」として受けとめている学生がいたとしましょう。そうするとこの学生にとっては、復興が進んだ今日、「阪神・淡路大震災の『被害の現実』」はもうすっかり影を潜めたと感じるのは自然なことです。他方、地震の被害はそんな物理的な面ばかりではなく、人びとの生活の糧(かて)を奪い、家族を奪い、人生設計を破壊したと理解する学生にとっては、「被害は克服されている」と簡単に判断することはできなくなります。さらには、地震の被害体験が、当事者の心の中に鋭く深い傷を刻み込んでいることにまで認識の領域が広げられるとき、「まだまだ厳しく残されている」という現実認識もうなずけるのです。

大事なことは、こうした現実認識の違いが、この問題に対する「取り組み」の必要性や範囲を規定していくということです。阪神・淡路大震災の問題においても、震災の被害者対策を今後も継続する必要があるのかどうか、そして実施するとすればそれはどのような内容であるべきなのかという点についての判断は、まさにこの被害の現実認識によって左右されてくるのです。

　部落問題においても同じです。「取り組み」は「部落差別の解消」をめざして行われるのですから、解消すべき差別の現実があるのかないのか、そしてあるとすればそれを何に認めるのかによって、その内容が大きく変化してくることは明らかです。「部落差別の現実」に関する認識論は、部落問題を考えるにあたっての最初の最も重要なテーマであるといわれるゆえんです。

2 「差別の現実」は部落問題のDNA

　拙著『人権のステージ』において私は、「部落差別の現実はまさに部落問題のDNAである」と書きました。その考えに変わりはありません。
　DNA（デオキシリボ核酸）とは、遺伝子のことです。人間はなぜ人間の子どもを生むのか、ネコはなぜネコの子どもを生むのかは長い間の不思議でした。生命科学の発展はついにこの長年の謎を解き明かしました。それが遺伝子の発見です。生命体の設計図といってもよいその遺伝子というものを引き継ぐことによって、人間は人間の子どもを生むのです。しかもその設計図には、その生命体が誕生するに至る過去とその個体の未来が刻まれているのです。
　部落差別の現実に、私は部落問題のDNAを感じます。なぜこんな現実が残されているのか、なぜこんな意識が漂っているのかという差別の現実の姿に、部落問題が歩んできた過去が刻まれています。現実をつくりあげているカラクリと、どうしたらそれを解決していくことができるのかという未来へのヒントも、差別の現実の中に包み込まれています。差別の現実の中にこそ、「取り組み」の課題と内容が示されているので

す。「差別の現実に学ぶ」ことの神髄はまさにこの点にあります。

「部落差別の現実」に関する認識論は、差別の現実の有無にかかわるだけではなく、差別の現実の解消方策にも真正面からかかわっているのです。

3…これまでの差別の現実認識

1 水平社の時代の差別の現実認識

　部落差別の現実を何に認めるのかという差別の現実認識は固定的なものではありません。それは取り組みの発展と表裏一体をなしながら進化してきました。まずはその足跡を部落解放運動の大会資料を手がかりに振り返っておきます。

　今日の部落解放運動の直接の出発点となったのは全国水平社の創立です。1922（大正11）年3月3日に、京都の岡崎公会堂で開催された創立大会では、有名な「宣言」（いわゆる水平社宣言）が採択されていますが、このとき同時に「決議」が採択されています。これは今でいう運動方針のようなものですが、3項目からなるその「決議」の1番目に登場するのが、次の文言です。「一、吾々ニ対シ穢多及ヒ特殊部落民等ノ言行ニヨツテ侮辱ノ意志ヲ表示シタル時ハ徹底的糺弾ヲ為ス」。あとの2項目は、月刊雑誌『水平』の発行と、東西両本願寺に対する取り組み方針についてでした。

　「決議」から明らかなように、創立された全国水平社が「部落差別の現実」としてとらえ、その解消に向けて取り上げた運動方針の課題は「差別言行」と「侮辱の意志」、つまり差別事件（行為）と差別意識でした。戦後の部落解放運動のリーダーであった朝田善之助さんは、『朝日ジャーナル』（1967年12月17日号）での平野一郎さん（当時、朝日新聞記者）との対談の中で、この点にかかわって次のように語っています。

　「いちばんはじめは、公然と『特殊部落』だ、『エタ』だといわれた。

侮辱されたとき、これが差別だと考えて、糾弾した。差別はもっともおくれた人が、封建的な観念にわざわいされてもっているというとらえ方をしていた。これが全国水平社の初期のころの段階です」

　もちろん全国水平社の運動は、差別事件だけに焦点が当てられて展開されたわけではありません。例えば全国水平社常任中央委員会が1934年7月に「部落委員会活動に就いて──全国水平社運動を如何に展開するか」という闘争方針書を作成しています。そこでは、「広範なる被圧迫部落大衆のあらゆる不平不満や日常の諸要求」を取り組みの課題として取り上げることを主張し、「部落を中心とする『世話役活動』」の大切さが訴えられています。しかしそこで取り上げられている部落大衆の不満やその背景にある部落の厳しい生活実態が、「部落差別の現実」として認識されていたかといえば必ずしもそうではありませんでした。

2　戦後の差別の現実認識の発展

　「差別の現実」を差別事件や差別意識に認め、差別解消の取り組みを差別事件に対する取り組みの中に主に認めていくというこうした考え方は、その後も根強く影響力を保ち続け、戦後の部落解放運動にも引き継がれていきます。

　戦時体制の下で自然消滅の形をとって終息した全国水平社の活動は、戦後ただちに再建されました。それが、1946年2月に結成された部落解放全国委員会です。その第4回全国大会（1949年4月）での「解放闘争方針」では、「四、新戦術の展開と当面の任務」という項目の中に「③差別問題だけに闘争が偏する傾向」という小見出しのもとに次のような記述が見られます。

　「現在の解放運動もまた全水時代と同じように、差別問題に対する闘争が中心となっている。差別問題が起きると異常な熱意をもって活動するが、部落民衆の生活を安定させ、向上させるための経済闘争や文化闘争は積極的に行われない。これこそが部落解放の基本的闘争であるにも拘らず、なおざりにされがちであった」。この文言からも、「部落差別の

現実」として受けとめられている「差別問題」とは、当時はまだまだ差別事件のこととして狭くとらえられていたことがわかります。「部落差別の現実」と「部落の生活実態」とを分けて理解するこうした現実認識は、「差別の激化と貧乏の深刻化」などという両者の並列的な表現をとりながら、第7回全国大会（1951年10月）まで続きます。この時期までは、「部落差別の現実」とはやはり「差別事件」や「差別事件にかかわる差別意識」としてとらえられていたようです。

　こうした差別の現実認識に一大転機を呼び起こしたのが、1951年の「オール・ロマンス事件」です。事件は、京都市の職員が、「特殊部落」という題名の小説を雑誌『オール・ロマンス』（1951年10月号）に掲載した出来事です。青年医師と部落に住む女性との恋愛をテーマにしたこの小説は、タイトルからもわかるとおり極めて差別的であり、劣悪な生活実態の描写は、読者の差別意識をいっそう増幅させるものでした。

　この差別小説に対する糾弾闘争は、行政の差別性と部落問題解決の行政責任を社会的に認知させた点において歴史的に重要な意味を持つものでした。しかし同時に、差別の現実認識においても、画期をなすものとしてありました。それが、部落の厳しい生活実態それ自体を「差別の現実」としてとらえた点です。

　この事件に対して、部落解放全国委員会京都府連合会は「吾々は、市政といかに闘うか」というタイトルの糾弾要綱（糾弾闘争の方針書）を作成しています。そこには「差別観念とは、まさに、差別される実態の、すなわちその存在の反映にすぎない」との記述が複数個所に登場し、劣悪な生活実態こそがまさに「差別の実態である」と受けとめ、部落の生活実態を改善するための諸課題を京都市に求めたのでした。

　部落の生活実態を「差別の現実」としてとらえる認識は、この事件以降の全国大会の議案書においても登場し始めます。部落解放全国委員会第8回全国大会（1953年3月）では、「差別の実体であり、差別観念をうみ出す基礎であるところの、きわめて低い差別的な生活」との規定が登場し、生活の実態を「差別の実体」としてとらえ始めていることがわか

ります。やがて「われわれは、日々生起する一切の問題を部落問題として具体的にいうならば差別として評価しなければならない」(部落解放同盟第11回全国大会・1956年10月)、「部落民におこるいっさいの不利益なことは、とりもなおさず差別である」(同第12回全国大会・1957年12月)、「われわれ部落民に対する差別の基礎は、観念ではない。差別は一切の生活の実態そのもの、国の政治、行政の圧迫と放任の結果である」(同第13回全国大会・1958年9月)などと、部落の生活実態そのものを部落差別の現実としてとらえる現実認識が打ち出されてきました。1950年代に見られるこの変化は、部落差別の現実認識における劇的な発展であるといえるでしょう。

　部落解放運動は、こうした差別の現実認識の発展に符合するかのように、1955年に部落解放全国委員会の名称を現在の部落解放同盟へと変更しました。そして、部落問題の解決を実現するための国策樹立請願運動を果敢に展開していきます。部落解放運動は、「差別事象」や「差別意識」だけではなく、「部落の生活実態」そのものも「部落差別の現実」であると訴え、こうした差別の現実を解消する国の方策を求めたのでした。

　こうした動きを受けて、国は1961年に同和対策審議会を設置し、部落の実態調査もふまえながら、1965年に答申をまとめました。これが「同対審」答申です。答申は、同和行政や同和教育はもとより、戦後における、部落差別の解消をめざした「取り組み」のバックボーンとなるものでした。そして、その中で採用されている部落差別の現実認識は、「差別意識」「部落の生活実態」「差別事件」の三つの領域から構成されるものであったのです。部落解放運動が、「オール・ロマンス事件」以来十数年にわたって訴えてきた差別の現実認識論が、ついに「社会的な共通認識」へと高められていったのです。

4…3 領域論──戦後の部落差別の現実認識論

1 「同対審」答申の3領域論

かくして部落差別の現実は、①市民の中になお広く存在している部落に対する偏見や忌避の意識などの「差別意識」、②住環境や教育、就労など、部落の生活のさまざまな側面における低位なる「部落の生活実態」、③差別意識が態度や行動となって現れた「差別事件」、これら三つの領域において認識されることになりました。これを差別の現実認識における「3領域論」と呼ぶことにします。

「同対審」答申は、こうした3領域論に立脚し、「差別意識」と「差別事件」の領域を合わせて「心理的差別」と表現しました。また、「部落の生活実態」の領域を「実態的差別」と名づけました。そしてそのそれぞれについては、次のように説明しています。

「心理的差別とは、人々の観念や意識のうちに潜在する差別であるが、それは言語や文字や行為を媒介として顕在化する。たとえば、言葉や文字で封建的身分の賤称をあらわして侮辱する差別、非合理な偏見や嫌悪の感情によって交際を拒み、婚姻を破棄するなどの行動にあらわれる差別である」

「実態的差別とは、同和地区住民の生活実態に具現されている差別のことである。例えば、就職・教育の機会均等が実質的に保障されず、政治に参与する権利が選挙などの機会に阻害され、一般行政諸施策がその対象から疎外されるなどの差別であり、このような劣悪な生活環境、特殊で低位の職業構成、平均値の数倍にのぼる高率の生活保護率、きわだって低い教育文化水準など同和地区の特徴として指摘される諸現象は、すべて差別の具象化であるとする見方である」

「同対審」答申の「差別の現実認識」の構図をもとに、部落の内と外との関係を縦軸に、心理面（意識）と実態面の現象分野の境界線を横軸にとり、部落差別の現実認識の領域を図に示したのが図2です。

　それによると、「差別意識」は、「部落外」における「心理面」での差別の現実ということになりますので、図中のⒶの部分で表現されている部分となります。また、「部落の生活実態」の領域は、「部落内」の「実態面」に見られる差別の現実ですから、Ⓑの部分がこれにあてはまります。また「差別事件」は、その背景に「差別意識」があり、その結果が「部落の生活実態」に影響を与えていることから、両者が重なり合うものとしてある中央の卵形のⒸの部分で示されています。

　全国水平社の創立から今日に至る差別の現実認識の発展とは、この図で表現すれば、戦前のⒶとⒸの2領域から、戦後に部落の生活実態それ自体を差別の現実ととらえた結果、この2領域にⒷの領域を加えた3領域へと発展してきたということになります。

図2　部落差別の現実認識における領域図

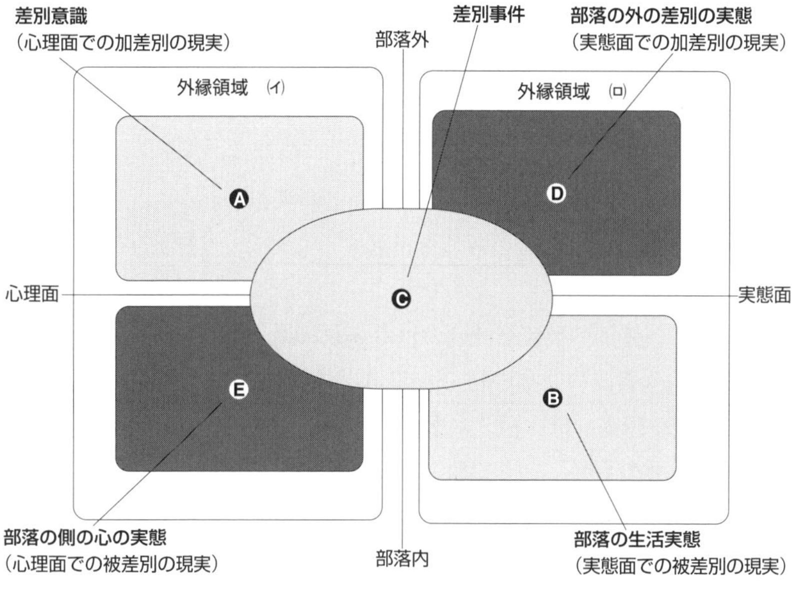

差別意識
（心理面での加差別の現実）

部落外

差別事件

部落の外の差別の実態
（実態面での加差別の現実）

外縁領域　（イ）

外縁領域　（ロ）

Ⓐ

Ⓓ

心理面

Ⓒ

実態面

Ⓔ

Ⓑ

部落の側の心の実態
（心理面での被差別の現実）

部落内

部落の生活実態
（実態面での被差別の現実）

第1章…差別の現実認識の発展　21

2　3領域論と取り組みの体系

　部落差別の解消をめざした「取り組み」は、「部落差別の現実」に向けて実施されます。より正確に表現すれば、「認識された部落差別の現実」に向けて実施されるのです。

　そこで、差別の現実をこのように3領域からとらえると、「取り組み」はこれらに3領域に対応した3本の柱から構成されることになります。すなわち❹の「差別意識」に対しては、教育・啓発活動という取り組みの柱が立てられました。また❺の「部落の生活実態」に対しては、同和対策事業の導入による部落の生活実態の改善策が打たれることになりました。そして❻の「差別事件」に対しては、運動団体による差別事件糾弾闘争の展開や人権擁護行政による「人権侵犯処理」がおこなわれてきたのです。

　「取り組み」の展開によって、差別の現実は変化し、解消に向けて前進します。こうした変化する差別の現実を的確にとらえ、「取り組み」の効果測定や今後の課題を明らかにする目的をもって「差別の現実」を把握する必要性が理解されていきました。それが、実態調査の実施です。ですから当然この実態調査も、差別の現実の3領域に対応したものとして展開されるものとなりました。つまり、「❹市民の差別意識」の実態把握については「市民人権意識調査」が、「❺部落の生活実態」の把握のためには「同和地区住民生活実態調査」が実施されることになりました。また「❻差別事件」の領域を把握するために、「差別事件の集約・分析」の作業がなされてきたのです。

　こうして「差別の現実認識における3領域論」と「部落差別の解消をめざした取り組みの3本の柱」、そして「差別の現実を把握するための3種類の実態調査」は、図3に整理しているようにお互いが深く関連した「三位一体のもの」として組み立てられてきました。

　今日の部落差別の現実認識はこの「3領域論」から成り立っています。部落解放運動が差別の現実を広く社会に訴える場合においても、行政が

議会において部落問題の現状を報告する場面においても、それは、❹市民の根強い差別意識の現状、❺部落の生活実態の現実、そして❻相次ぐ差別事件の状況という、三つの領域から語られているのです。

図3　3領域論と取り組みの組み立て

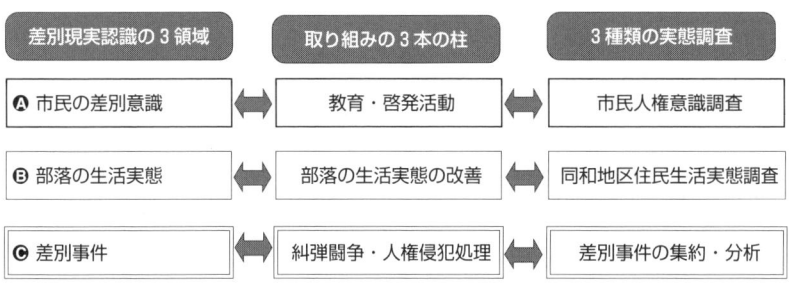

5領域論
差別の現実の全体像にせまる

1…学生たちが発見した部落差別の現実

1 「人権論」での失敗

　「しかし3領域で、本当に差別の現実のすべてがカバーできているのだろうか」、そんな思いが以前から付きまとっていました。この思いに決着をつけ、「3領域論では、差別の現れ方のすべてが語りつくされていない」と、はっきりと気づかせてくれたのは、大学での教え子たちです。「5領域論」を考えるきっかけをつくってくれたのも彼ら、彼女たちでした。そのきっかけとなったのは、当時担当していた「人権論」という講義での、今では懐かしい失敗の経験です。

　このときの経験は、拙著『見なされる差別——なぜ、部落を避けるのか』(解放出版社、2007年、以下、『見なされる差別』) でも取り上げていますが、本書でも改めて紹介したいと思います。苦労したクラスでしたが、あのときの「人権論」の受講生たちに、今は感謝の念でいっぱいです。

　当時私は、「人権論」のスタートを部落問題に関する講義から始めていました。そしてそれは、「部落差別の現実」というテーマから出発するものでした。ご承知のとおり、大学生は全国からやってきます。なかには、小学校、中学校、高校と同和教育や人権教育を何年も受けてきた学生もいますが、部落問題についての学習をまったく受けてこなかった

学生もいます。そのような受講生にあっては、部落問題というのは「昔にあった差別の問題」といったぐらいにしか理解していないケースも少なからずあったのです。こんな認識のままでは、その後の講義の展開が成り立ちません。それはお互いにとって不幸であるといわねばなりません。そこで講義は、「部落差別の現実についての共通理解の形成」を最初の目標に設定してスタートを切ったのでした。
　部落差別の現実を受講生たちに伝えるために、私は、実際に起こった差別事件の内容をプリントしたり、部落問題にかかわる調査のデータを表やグラフにした資料を作成して、これを教材として使いました。客観的な事実を提示して、受講生自らに納得してもらおうと考えたのです。地元であるということで差別事件の事例は大阪での出来事を使用し、またデータは、大阪府が実施した調査の結果を用いました。
　自分なりに一所懸命に講義をしたつもりでした。ところが、受講生たちの反応は、まるで私の期待に応えるものではなかったのです。たしかにまじめに聞いてはくれているのですが、「未知との遭遇」とでもいったらよいのでしょうか、自分とは関係のない別世界の話を聞いているような軽い驚きさえ見せる学生たちがいたのです。その雰囲気がどうしても気になったので、講義のあとに一人の受講生に声をかけて、「今日の講義はわかりにくかったですか」と尋ねました。するとその彼は、「いやよくわかりました。しかし先生、大阪にはまだそんな差別が残されているのですね。びっくりしました」と返してきたのです。それにはこちらがびっくりしました。
　差別の現実を伝えようとすれば、具体的にならざるを得ません。具体的になるということは「どこか」の実例やデータを出すということであり、それがたまたま「大阪の現実」であっただけなのです。それをこの受講生は、「大阪だけの現実」と受けとめていたのです。私は気を取り直して、彼に、どこからこの大学に来たのかを尋ねると福岡県だということでした。福岡だってまだ部落差別の現実が存在していることを話したあと、私は次の週の講義に向けて、福岡県の調査データや差別事象の

実例などを手元にそろえて、新しい資料を作成しました。そしてそれを使って次の週の「人権論」の講義をしたのです。すると先週の彼は、講義のあとわざわざ前へ来て、「先生、ありがとうございました。福岡でも部落問題はまだまだあることがよくわかりました」とお礼を言ってくれたのです。

心地よい気分に浸っていたのもつかの間、教室の様子を見渡すと、先週の彼のような様子を見せている学生がまだまだたくさんいることに気づかされました。「何でなんだろう」と不審に思いながら、別の受講生に「やはりまだ講義内容がわかりにくいですか」と聞いてみました。すると彼女は、「先生、大阪や福岡は大変ですね、そんな部落差別があって……」と言うのです。これには参りました。彼女は高知県から来た学生でした。福岡も高知も同和教育の先進地です。それだけに、ダブルパンチを食らったような気持ちになりました。そして彼女に対して、「何を言ってるんや。たまたま大阪や福岡の実例や調査結果を取り上げただけで、君の住んでいる高知でも……」と話しながら、頭は、研究室に高知県の資料はあったかなぁと考え始めていました。

しかし、事ここにいたって「どうもおかしい」という感じがようやくし始めたのです。がんばって高知県のデータをもとに資料を作成して、次の週にそれを用いて講義をすれば、まず間違いなく彼女は「先生、ありがとうございました」と言ってくれるでしょう。しかし受講生は全国から来ているのです。まだまだ「未知との遭遇」と感じている受講生が残されているはずです。そんな一人ひとりのニーズに応えようとすれば、「宮崎の現実」「愛媛の現実」「鳥取の現実」「滋賀の実態」「長野の現実」などと講義は続き、結局私の「人権論」は、「部落差別の現実、都道府県あれこれ」で終わってしまうではないか、こんなことをしていてはダメだとようやく気がついたのでした。

2 夏休みの宿題

私は方針を転換しました。そして打ち出したのが、夏休みに「部落差

別の現実について調べて、レポートにまとめてくる」という宿題を課すことでした。課題提起をしたときに、受講生たちは一様に驚いた様子を見せました。それはこれまで「部落差別の現実というものは、学校で、先生が教えてくれるものだ」と思い込んでいたからであったようです。

　すぐにいくつかの質問が飛んできました。「先生、僕の住んでいる町には、その同和地区というところがないようなのですが、そんな場合は何を調べればいいのでしょうか」。また別の学生は、「私の町には、被差別部落といわれる地域があるらしいのですが、学校ではそれが何町のどこかということを教えてくれませんでした。どうしたらよいのでしょうか」。さらに、「先生、部落や部落の人たちのことを書いたどんな本を読めばいいのか、文献紹介をしてください」というリクエストも来ました。

　いずれも予想された質問でした。そして私は次のように返答したのです。「自分の住んでいる町に部落があるかないか、そんなことは気にしなくていい。あったとしても、それがどこなのかということを知る必要はない。部落や部落の人びとについて書かれた本も別に読まなくてもいい。そうではなく、夏休みの間、あなたたちにはたっぷり時間がある。それを利用して、自分の生活の周りにいる人びとと一度じっくりと部落問題について話し合ってきてほしい。友人やクラブの仲間、バイト先の同僚でもいい。親や兄弟姉妹、親戚の人や近所の人でもいい。とにかく身近な人たちと部落問題について話し合い、それがどんな内容であったのか、そしてどのように感じたのかを正直に書いてきてくれたらいい」と。

　明けて9月。受講生たちから提出されたレポートが机の上に山積みされていきました。その一人ひとりのレポートを読んでいくうちに、私は、宿題を出した当人であるにもかかわらず驚かされ始めたのです。

3　日常生活での生々しい実態

「大きな声で言うな、間違われるやないか」

　受講生たちが提出したレポートのうち、ここでは3人の内容をかいつ

まんで紹介しておくことにします。一つ目はA君のレポートです。
　彼は、夏休みのある日、友人と喫茶店で雑談をしているときに私の宿題を思い出したらしいのです。ちょうどそれまでの話題が途切れたときに彼は、「ところで同和問題のことやけどな、お前どう思う？」とその友人に問いかけたのです。突然何を言い出すのかという感じの友人に、「人権論」での課題について説明をし始めると、友人は急に声を潜めて、「大きな声で同和、同和と言うな。間違われるやないか」「こんなところでそんな話をするな」と言って話をさえぎったというのです。
　A君は、今どき部落差別なんてものは存在しておらず、たとえあったとしてもそれは自分たちのような若い世代のことではなく、ずっと年齢の高い一部の人びととの問題であると思っていたのでした。そんなA君にしてみれば、喫茶店で部落問題の話をするのに声を落とさなければならない理由がまるでわからなかったのです。いや、「大きな声で」と友人は言ったのですが、それまでと同じ声の大きさであり、急に声を張り上げて話しかけたのではないと書いています。
　A君は、「どうして喫茶店で部落問題の話をしてはいけないのか」「なぜこの問題は小さな声で話さなければいけないのか」「間違われるって、いったいそれはどういうことなのか」などと、友人に次つぎと質問していったといいます。すると友人は声を潜めて、「喫茶店だから、誰がいるかわからない。自分たちのことを知っている人がいるかもしれない。もしそんな人にこんな話を聞かれたら、『あの子ら、同和、同和って話をしている。同和地区出身なのかもしれない』と思われたらどうするんや。一度そういうレッテルを貼られたら、損することはあっても得することは何もない。だからそんな話題は避けたほうがいいんだ」と説得にかかってきたというのです。
　A君はレポートの最後に次のように書いていました。「先生、これって、差別ですよね。喫茶店で普通の声の大きさで話すことすら避けたほうがよいこと自体、部落差別ではないのですか」と。
　まさにそのとおりでした。これがもし、「ところで〇〇県のことやけ

どな、お前〇〇県のことどう思う？」という質問であったならば、「大きな声で〇〇県、〇〇県と言うな。こんな話を聞かれたら自分たちも〇〇県出身者と思われるやないか」とはならないのです。〇〇県民か△△県民かは区別の問題にすぎないからです。しかし、部落出身者であるのかどうかは、単なる区別の問題ではなく、その上に差別が乗っかってくることを彼の友人は語っていたのです。こんな喫茶店でのやりとりが、A君が発見した部落差別の現実でした。

「熱心に学ばなくてもよい」

　同じ課題のレポートのなかに、母親との会話を取り上げたBさんのものがあります。熊本県から進学してきた彼女は、帰省していたある日、台所で母親と夕食の後片付けをしていたときに「人権論」の宿題を思い出したらしいです。よい機会だと思って母親に部落問題のことを尋ねると、洗い物をしていた母親は突然その手を休めて、「どうしてそのようなことを聞くのか」と真顔で問い返してきたといいます。

　Bさんは母親に対して、大学で「人権論」という科目を履修し、部落問題についての講義を受けていることや、そこでの今回の宿題について説明をしたのです。すると母親は「大学に行ってそんなことを勉強しているのか」「そんな科目は熱心にやらなくてもよい。そこそこにしておいたほうがよい」と言い聞かせたというのです。

　Bさんは「これにはびっくりした」とそのときの気持ちを綴っています。それはこれまで一度たりとも、学校の勉強に関して「熱心に取り組まなくてもよい」などという言葉を母親から聞いたことがなかったからです。入学したつい3カ月前にも、「一人暮らしだからといってハネを伸ばしてはいけない。何をしに大阪に出ていくのかを忘れるな。しっかり勉強しなさい」「学生の本分は勉強。どんな勉強もいつかはきっと役に立つ。先生の話はしっかり聞くように」と強く念を押されたばかりだったのです。その同じ親の口から、「そんな科目は熱心に学ばなくていい」と言われたのでした。

Bさんはその理由を問いただしたといいます。しかし母親からは、「あなたも社会に出ればわかる。いちいち理由なんか気にすることはない」と突き放されたのです。「先生、部落問題は、強い関心を持ったり、熱心に勉強することさえ避けるべき問題なのですか」「だとしたら、それは差別ではないのですか」とBさんは問いかけていました。

「あんまり深こう付き合おうたら、あかんで」
　最後に紹介するCさんは、お母さんが大阪のS市で中学校の教員をしている学生でした。お母さんの勤務校は、校区に部落を有するいわゆる同和教育推進校でした。その部落では、夏休みに学力補充の取り組みがおこなわれており、地元校の先生方が交代で応援に参加していたのです。Cさんのお母さんもその一人でした。
　夏休みに入ったある日、Cさんのお母さんがいつものようにその取り組みに参加するために家を出ようとしていたところ、一緒に住んでいるおばあさんが母親に向かってこう言ったというのです。「あんた、一所懸命にがんばるのはええことやけどな、しかし、そんなとこの子とあんまり深こう付き合おうたら、あかんで。気いつけや」と。
　Cさんには、その意味がすぐにわかったといいます。Cさんにとっては、普段はとても優しいおばあちゃんであり、家族はみな仲むつまじい一家だそうです。しかし、部落問題を通して自分の家族を眺めたとき、そこには普段とはまったく違う様子が見えてしまったのです。「部落や部落の人とはあんまり深くかかわるな」というアドバイスは差別です。そんな会話が自分の家の茶の間で交されていることに彼女は大きなショックを感じたと綴っていました。

　取り上げだしたらきりがありません。こんな受講生たちのレポートを読み進めているうちに、私は、たいへん興味深い事実に気づかされました。それは、夏休み前に「部落差別の現実について調べてレポートにまとめてくるように」という宿題を出したとき、受講生たちの視線は一斉

に「部落」や「部落の人びと」に向けられていたのでした。ですから、「先生、僕の住んでいる町には、その同和地区というところがないようなのですが、そんな場合は何を調べればいいのでしょうか」「私の町には、被差別部落といわれる地域があるらしいのですが、学校ではそれが何町のどこかということを教えてくれませんでした。どうしたらよいのでしょうか」「先生、部落や部落の人たちのことを書いたどんな本を読めばいいのか、文献紹介をしてください」といった質問が飛んできたのです。

ところが、夏休み明けに提出してきたレポートにおいて、「先生、これは部落差別の現実ですよね」「まだこんな差別の現実があるのですね」などと学生たちが書き記してきた差別の現実は、そのすべてといっていいくらい、「部落の外」での出来事であったのです。しかもそこには、部落出身者は登場していません。

受講生たちは、「部落の外にある、部落出身者の登場しない部落差別の現実」を自分たちの生活のさまざまな場面での、いろいろな人たちとのかかわりの中から発見してきたのでした。

2…差別の現実認識における第4の領域

1 領域Ⓓの設定

受講生たちが発見してきてくれた部落差別の現実は、じつはこれまでの3領域には含まれていないものでした。つまり、21ページの図2に示された領域図の、領域Ⓐ、領域Ⓑ、領域Ⓒのいずれにも該当しないのです。これは「部落外」での領域にかかわることです。しかも、単なる意識の問題ではありません。意識が会話や態度などによって顕在化した、生活実態の一部です。一言で言えば、「部落外の加差別の生活実態」となります。部落差別の現実としては当たり前のように以前から存在していた現実なのです。しかし、3領域論ではとらえきれていなかった差別

の現実だったのです。

　図2で考えると、それは領域Ⓓにあたることがわかります。従来から、領域Ⓒで示されている「差別事件」について、「差別事件は、差別の現実の氷山の一角である」と言われてきました。領域Ⓓは、まさにその氷山の水面下に広がる「実態面での加差別の現実」といえるでしょう。これが、部落差別の現実認識における「第4の領域」です。学生たちが教えてくれた新しい現実認識の領域です。

2　被差別の現実と加差別の現実

　じつは、差別の現実には、差別を受けている「被差別の現実」と、差別をしている「加差別の現実」の二つの側面があるのです。当たり前といえば当たり前の事実です。犯罪においても、被害者だけでは犯罪は成立しません。必ず加害者が存在し、両者が登場してはじめて「犯罪の現実」が成り立つのです。学生たちが発見してきたのは、このうちの「加差別の現実」だったのです。

　それでようやく、春の学生たちの反応の謎が解けました。私は差別の現実を一面的に「被差別の現実」としてとらえ、それを資料などによって受講生に訴えていたのです。しかし多くの受講生は部落出身ではない学生たちだと思われます。そんな彼らにとって、部落出身者を襲っている被差別の現実は、自分たちの日常生活では実感の持てないものであったに違いありません。それはまるで別世界の現実であるかのように映ったのも道理です。ですから、事例が具体的であればあるほど、それらは特定の府県での特殊な出来事のように感じられ、知識としては受けとめられても、自分たちが生活しているこの社会の現実としてはなかなか認識されない「未知との遭遇」だったのです。

　9月からの講義では、受講生のレポートをいくつか紹介してもう一度差別の現実について触れました。その様子は春とはずいぶんと違ったものとなりました。「それならわかる」という雰囲気が伝わってくるのでした。

部落問題解決の取り組みの目標は差別の現実の解消です。ところがいつしか、その解消すべき差別の現実を「被差別の現実」に読み替えてしまうクセがついてしまったようです。そしてそれは私だけではなく、「差別の現実をレポートせよ」との課題に接したときに、受講生の視線が一斉に部落に向けられたのも同じだったのです。それは間違いではありませんが、一面的で不十分なものであったのでした。

3 「差別の現実」の解消とは

　部落差別の現実に「被差別の現実」と「加差別の現実」の両面があるのだとしたら、「差別の現実の解消」とは、その両方の現実を解消することです。さらにいうなら、むしろ「加差別の現実の解消」のほうこそがより根本的な課題であるといえるかもしれません。

　差別の現実認識における被差別、加差別の両側面からの理解に気づいてみると、それは何も部落問題に限ったことではないことがすぐにわかります。例えば、セクシュアル・ハラスメント（いわゆるセクハラ）問題です。セクハラの現実は、被差別の現実が女性に側に現れますが、男性の側には加差別の現実があるのです。セクハラ問題の解決とは、この「両方のセクハラの現実」を解消することにほかなりません。在日外国人に対する差別の現実も同じです。在日外国人の生活の中に表現されているのは、在日外国人差別の被差別の現実であって、もう一面の加差別の現実は、日本人社会の中に刻まれているのです。

　差別の現実のこの二面性に気づくとき、「職場に女性がいるのかどうか」という問題と、「職場にセクハラの現実があるのかどうか」という問題とは区別されるべき事柄であることがわかってきます。女性のいない職場にも、セクハラの加差別の現実は存在するのです。「在日外国人の存在の有無」と「在日外国人に対する差別の現実の有無」とは、表裏一体の問題ではないことがわかります。

　そしてそれは部落問題においても同様です。「行政区内や学校の校区に部落があるかどうかという問題」と、「部落差別の現実があるのかど

うかいう問題」とは別のものなのです。部落が存在しない行政区においても、部落差別の現実はしっかりと根を張っているといっても間違いではないでしょう。部落の子どもが通学していない学校にあっても、部落差別の現実は、子どもや保護者の中に存在しているのです。

　部落の外にある、部落出身者が登場しない部落差別の現実。例えばそれは、家族や親戚の間で部落問題が話題になるとき、どんな話題のされ方をしているかということです。職場や近所での会話に中で部落問題が登場するとき、どんな内容がそこで語られているのかということなのです。そしてそのときそこでは、どんなニュアンスや雰囲気がかもし出されているのでしょうか。こうしたありふれた日常生活のそこかしこに、部落差別の加差別の現実がまだまだ潜んでいることを「人権論」の受講生たちは発見してきてくれたのでした。

3…差別の現実認識における第5の領域

1　見えない差別に思いを馳せる

　さて図2をもう一度ご覧ください。領域Ⓓまで部落差別の現実認識の領域が広がったとすると、図にはもう一つの領域があることがわかります。領域Ⓔです。これを座標軸どおりに読むと、「『部落の側』における『心理面での被差別の現実』」ということになります。被差別の現実は、部落の生活実態に現れてくるだけではありません。部落の人びとの心の中に、癒しがたい傷となって刻まれているという現実をつくりあげています。それが領域Ⓔであり、部落差別の現実認識における「第5の領域」です。

　被害者側の心理面へのダメージを、その問題が引き起こした現実の重要な側面としてとらえようとする考え方は、社会でのさまざまな課題においても広く理解され始めています。例えば、地震という自然災害において、被害の現実として被災者の心の領域が注視されています。その結

図2 部落差別の現実認識における領域図（再掲）

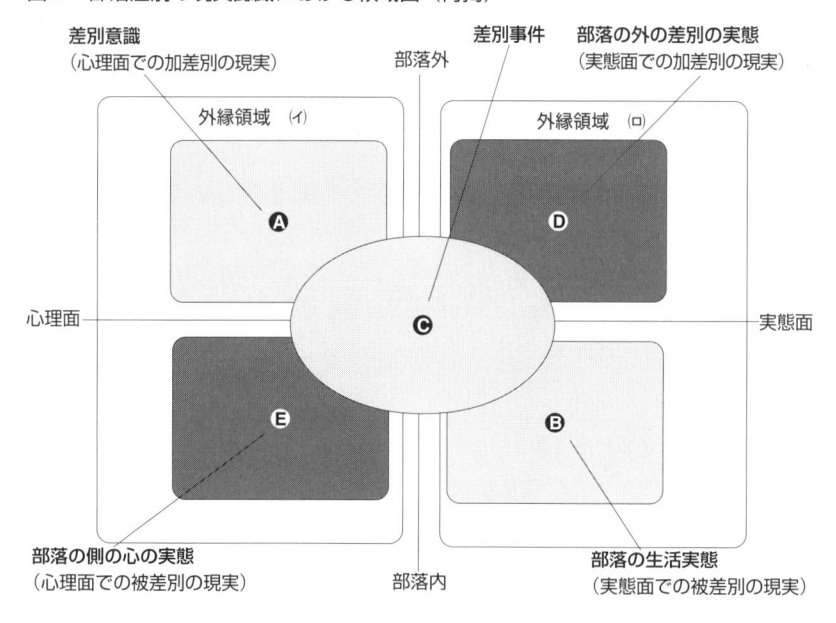

```
          差別意識                    差別事件    部落の外の差別の実態
     （心理面での加差別の現実）      部落外      （実態面での加差別の現実）

            外縁領域 （イ）                    外縁領域 （ロ）

                 Ⓐ                               Ⓓ

心理面                         Ⓒ                               実態面

                 Ⓔ                               Ⓑ

     部落の側の心の実態           部落内        部落の生活実態
     （心理面での被差別の現実）              （実態面での被差別の現実）
```

果、被災地には、心理士やカウンセラーなど、心の被害に対処する専門家が派遣されることは今や当たり前の対応となっています。教育現場で引き起こされた悲惨な事件において、子どもたちへの対応に「心のケア」が大きな位置を占めているのも同じです。事件による関係者の心理面への影響が、事件の被害の現実として真正面から受けとめられている結果です。

　また、セクハラ問題において、それが差別にあたるのかどうかの判断として「被害者の受けとめ方や気持ち」がその重要な基準として尊重されています。こうしたことも、差別の現実として「被害者側の心理面への影響」が社会的に認知されていることの現れであるといえるでしょう。

　こうした心の中に刻まれる差別の現実は、じつに多様です。「怒り」「悲しみ」「不安」「絶望」「恐怖」「投げやり」「心配」「恨み」「遠慮」「あきらめ」「願い」「自己嫌悪」など、人それぞれにおいて千差万別の様相を呈します。その影響は深く、ときには、心的外傷（トラウマ）へ

と発展することさえ珍しくありません。では、部落問題における「心理面での被差別の現実」はどのようなものとしてあるのでしょうか。部落差別の現実認識における「第5の領域」の実際の姿に迫ってみたいと思います。

2 躊躇・葛藤・緊張・悲しみ・怒り──第5領域の実相

聞き取り調査より

「第5の領域」として受けとめる差別の現実をまずは聞き取り調査の結果から具体的に見ていきたいと思います。はじめに取り上げるのは、2000年に大阪府が実施した「同和問題の解決に向けた実態等調査」(以下、「2000年大阪府部落問題調査」とする。なおこの調査は8種類の個別調査から構成されている)での「被差別体験調査」です。紹介する被差別体験者の語りは、20歳代後半の男性のものです。彼は、結婚を意識して交際していた相手に自分が同和地区出身であることを告げました。それに対して、彼女自身は理解してくれたものの、親が反対し、ついには彼女から別れを告げられたという結婚差別の体験をもっています。

そのことがあってからは、「本気の恋愛」ができなくなってしまったと彼は言います。「自分で自分を潰しちゃっている」「思いもさめてくる」「恋愛的に疲れてくる」、そんな言葉の一つひとつに、「本気の恋愛への躊躇(ちゅうちょ)」という、まだまだ癒えていない心の傷のありさまが浮かび上がっています。

> 「実際意識はあるんで、付き合う時にちょっと臆病っていうか、大丈夫かなあって思う部分は絶対的にありますよね。いつ言うべきかなって。いう、いわなあかんっていう事は絶対あるんで。それはタイミングですよね。いついおうかな、いうてまた親に反対されてもあれやしなあ。だからね、その辺の意識があるとね、違う意味ではまりにくいっていうか、どうしても距離置いちゃうっていうか。だからこの女性は理解してくれるやろけど、親はどうかな、やっぱ

そこに行きますよね。だから初めに友達とかでも、彼女いてないんやったら彼女の友達紹介したるわとか、また今度女の子誘て皆で呑みに行こよとかいうんですけど、付き合い的に浅いんですよね。長く、付き合いは長くても、度合いが浅いっていうか。だから結婚するとか同棲するとかいう部分じゃなくて、ほんまに遊び友達っていう感じのレベル。でそれで、結婚とかになってきた時に、理解してもらえるんかどうか、ずうっと思いながら付き合っていくんで。どうしても深く行きにくいっていうか、女性に対して臆病っていうかね」

「そう、付き合って、『俺こんな人間で向こうはどう思てんやろ、向こうの親てどう思うてんやろ』いう部分で悩んで、告白せんと別れたりとかね。自分で自分を潰しちゃってるんですよ、だからそういう事で。しんどいなあって。いうて断られるんやったらこのまま別れよかなあとかね、そうやって悩んでるとかね、彼女に対する思いもさめてくるんですよ、不思議と。その、何気なく何ともなかって付き合ってたら、その彼女に対してどんどん思いって持っていけるじゃないですか。でも自分自身そういう壁を作っているから、いきにくいんですよ。だからどうしても自分で自分を潰しちゃってて。恋愛的に疲れてくるっていうかね、もうええかな、このまま。いうて振られる前に別れとこかなあって。悩んで彼女に対する思いがすごく薄れてくるんですよ」（大阪府『同和問題の解決に向けた実態等調査報告書（被差別体験調査）』74～75頁、2001年3月）

　もう一つ取り上げるのは、部落の21家族・親族への聞き取り調査の結果です。この取り組みについては、部落解放・人権研究所編『部落の21家族──ライフヒストリーからみる生活の変化と課題』（解放出版社、2001年）として出版されています。同書には、被差別当事者の赤裸々な「心の葛藤」が随所に収録されています。例えばそれは「子どもを生む」ということへの逡巡にさえなっているのでした。

「子どもを生む時に、まあやっぱり思ったんは、もう、やっぱり、まだ、差別ってなくなってへんし、子どもらの時代にもこういうふうな思いをせなあかんのかなっていうのは、生む前に思いましたね、だから、あんまり、その、何ていうのかな、しんどい思いする子を増やさんでもええかなとか思ったりするのもあったんですけどね。自分たちと同じようにね、そんな部落民であるっていうそういうふうなレッテルをはられてね、しんどい思いして生きていくような子どもをつくらんでもいいんちゃうかなーというふうに考えた時期もあったんですけどね」(前掲『部落の21家族』293頁)

　また、部落から一歩出たときの、「緊張」と「警戒」の様子も語られています。

　「やっぱり、ほんまの友達やったら、私は言うし、言われへんことまでも聞いたりとかもするけど、いてへんってことはまだ心を許してへんねんやろな。いつ、向こうが差別するかわからんって危機感？そういうふうに、私ずっとなってるかもわからん。(中略)そう言えば、私素直に自分のこと言われへんわ。私が言うたら、明日から態度が変わってるんちゃうかなあって思う。せやから、私、ここに10年勤めてますけど、誰にも言うてないな」(前掲『部落の21家族』295頁)

　ここで取り上げた当事者における、「本気の恋愛への躊躇」や「心の葛藤」「心の緊張」は、そのいずれもが差別によってもたらされたものであり、部落差別の現実にほかなりません。これが「第5の領域」です。そしてそんな心の張りつめは、部落にもどるとホッと解きほぐされるのです。ストレスから解放される、その心地よい「安心」に心が潤されていく様子を20歳代のひとりの女性は次のように語っています。

「やっぱりムラが一番という感じかな。人間関係でもほっとする。」
「なんやかんや言うても、ムラの子ばっかりやもんな、集まったりとかするのは。絶対、最後には差別の話してるやんか、私らは。『なんか、また語ってるよな』とか言って、ほっとするよなっていうような。ムラの子がいっちゃん気が楽や。」（前掲『部落の21家族』465頁）

識字学級の作品より

　差別のなかで、小中学校に行く機会さえ奪われた不就学の人は、部落にはたくさんいます。文字を学習することのできなかった多くの部落出身者は、大人になってからも、文字の読み書きで苦労を強いられている現実があります。「非識字」の実態です。「2000年大阪府部落問題調査」での「生活実態調査」では、60歳以上の同和地区住民における「読むことにおける非識字率」（「まったく読めない」と「『かな』なら読める」の合計）は21.2％に達しています。また「書くことにおける非識字率」（「まったく書けない」と「『かな』なら書ける」の合計）は30.9％にものぼっていました。こうした識字問題の実態は、教育を受ける権利が奪われてきたという実態的差別の現実（領域❷）としてあるだけではありません。文字を読めない、書けないということによって生じる心の痛手は、それ自体が厳しい差別の現実としてあったのです。

　「文字を奪われてきた」人びとは識字学級に参加し、「文字を奪い返す」営みを重ねています。そこで綴られる作品には、部落差別がいかに深い心の傷をつくっているのかがあふれています。

　1951年生まれの上原裕子さんもそんな識字学級生の一人で、地元の部落解放同盟大阪府連合会松原支部の更池識字学級のメンバーです。雑誌『部落解放』の474号には、第26回部落解放文学賞識字部門で入選した彼女の作品「はじめて書けた『くすり』の文字」が掲載されています。

　そこには母親を思う気持ちと文字への不安との葛藤が、赤裸々に描か

れています。なんとか「くすり」と書けて相手に通じたときのうれしさが、「なみだがとまらなかった」「ばんごはんを作りながらまたなみだが出てきた」と記されています。「心配」と「喜び」の中に差別の過酷さが垣間見えます。そしてそんな大変な出来事を1週間もの間「お母ちゃんには、何もゆわなかった」裕子さんの気遣いと、それを知ったお母さんが「つらいめさせたんやな」となみだする思いのなかに、「心理面での被差別の現実」の重さを感じずにはおれません。

　　　はじめて書けた「くすり」の文字　　　　　　　　上原裕子
　識字に行って二年くらいすぎた時、お母ちゃんが六十才になった。つるかめえんのけんさで血あつが高いとゆわれた。かんごふさんに「いしゃ行かなあかん。」とゆわれた。
　とじょうのしごとがいそがしくてお母ちゃんが病院に行かれへん時、
　「裕子、くすりもろてきて。」
とたのまれた。はじめはかんごふさんにたのんで書いてもろて、くすりをもろた。
　新しいかんごふさんにかわって、知っているかんごふさんをさがしたけどどこにもおらんかった。三時になって時間がなくなってきたので、自分でやらなあかんと思った。
　くすりの「く」は、くりの「く」。くすりの「す」は、すいかの「す」。くすりの「り」は、りんごの「り」。と思って「くすり」とかけると思った。
　まど口においてある紙とボールペンをもって「くすり」とかいた。ボールペンに力がはいってカタカタやった。ボトボトにあせをかいた。手もベタベタやった。これじゃあかんと思った。しんこきゅうして、もう一ぺん書いた。二回目もうまくいかなかった。三回目に「くすり」と書けた。
　よこにおった人に

「くすりと書いたんやけどおうてますか。」
と聞いた。
「おうてる。」
とゆうてくれた。まん中のはこに入れた。入れてから本まに書けたか心ぱいやった。一時間ぐらいたって「竹中さん」とよんでもらった時ほっとした。「でけた」「つうじた」と思った。

くすりをもらった時なみだが出た。かえり道なみだがとまらなかった。お母ちゃんの所へ行って、くすりをわたした。お母ちゃんには、何もゆわなかった。

家にもどって、ばんごはんを作りながらまたなみだが出てきた。
（中略）
お母ちゃんにも一しゅう間ごにゆうた。
「そうやったん。お母ちゃんつらいめさせたんやな。」
となみだをふいていた。

結婚差別事件より

結婚差別は、部落差別のさまざまな現れ方のなかにおいても、ひときわ過酷な思いを部落の人びとに与えてきました。その最も激烈な結果が破談であり、「自殺」にまで追い込まれたケースも珍しくありません。いく人もの若者が、差別によって命を奪われてきました。彼や彼女たちの遺書に綴られた一文字一文字には、悲憤の叫びが塗り込められています。

長野県での部落解放運動を切り開いてきた中山英一さんは、著書『人間の誇りうるとき』（解放出版社、1990年）の中で、自身が取り組んだ結婚差別事件について紹介しています。そこでは、1949年から1974年の間に、長野県内で発覚した結婚差別による自殺や自殺未遂、心中未遂が合わせて21件に達していることが報告されています。そのうちの一つが、長野県小県郡川西村（現在の上田市）に生まれ育った南沢恵美子さんの悲劇です。

恵美子さんは、就職先の横浜市において、同じアパートに住む大学生のK君と知り合い、交際を深めるなかで1960年7月に彼の郷里の愛媛県新居浜市で結婚式をあげました。しかしその直後に、身元調査がおこなわれ、恵美子さんの実家が部落であることが暴かれたのです。その結果、入籍が認められないまま放置され、毎日の生活においても語りつくせないほどの差別待遇が繰り返されていきました。そしてあろうことか、K君もこれに加担していったのです。

　恵美子さんはその辛い気持を手紙で実家の父親に訴えはしましたが、遠隔地のことでもあり、いかんともしがたい状況が続くなか、その年の12月22日に帰らぬ人となりました。その後も、K君側から心からの反省の態度はいっさい示されることはありませんでした。あまりの理不尽に、父・国太郎さんは、ついに法廷の場でその責任を明らかにする決意を固めたのでした。

　次に紹介しているのは、同書に収録されている恵美子さんの遺書と、国太郎さんが中山英一さんにあてた手紙です。淡々と綴られているかに見える恵美子さんの遺書の行間には、苦悩の末の諦観が漂っています。そしてそれでもなお、K君を思いやる優しさが哀しいと感じずにはおれません。また国太郎さんの手紙には、無念があふれています。

　差別の問題を考えるときに、被差別の側の「心に深く刻まれた差別の現実」を忘れてはならないと強く感じます。

　「お父様、お母様、度重なる不孝及び先立つ不孝をお許し下さい。
　一度他家に嫁いだ以上、辛苦に堪えて愛する夫と添いとげる決意でおりましたが、再三の便りにて申し上げました通り、見知らぬ異郷の地で冷たい差別の中にあって、頼る人も相談する友もなく、希望の一切を失った恵美子は、人の情が無性に恋しく、ただただ淋しかったのです。生きて帰れぬ故郷に、今、仏と成って優しい父母の暖かい胸に帰ります。どうぞ、お気を落さないで下さい。これからは、毎日安らぎの内に、皆様の胸の中に生きていけるのですもの、

誰も恨んだりはしないで下さいね。形式だけで私は、Kさんの妻として過ごせたことは、今の私にとっては倖せでした。

　至らない私のため気苦労させたと存じますが、何分にも純真過ぎる人故、このようなことになって仕舞い、世間をはばかり、力を落とさぬよういたわって上げて下さい。最後のお願いです。

　一生を捧げた、ただ一人の人なのです。こんな結果になりましたが、恋い慕う心にかわりありません。誰もわるいのではなく、世の中の因習に負けた自分自身の不幸だったのです。せめて姉妹弟たち皆倖せな家庭生活を過ごせますよう、見守りとう存じます。

　ではお父様、お母様、ご壮健にて人生を全うせられますようお祈りしてペンを止め、最後のお別れといたします。さようなら、皆様によろしく。　　恵美子」（前掲『人間の誇りうるとき』78〜79頁）

　「天賦の寿命をまっとうしえず、なんら侵せし罪なき身が、故なき差別や迫害のため、生にたえられず、余儀なく、うらわかい命を自らたつにいたりました娘の苦しかったであろう心境を察するとき、世の中の未だに残存している部落差別に対し、はげしい憤りと憎悪の念が、むらむらと燃えあがるものを抑止しえませんでした。

　娘の遺骨をしっかとだいて、家路にもどる車中、人眼をはばかるゆとりもなく、無性に泣けて泣けて、たえられませんでした。

　家に帰着してからは、妻は、亡き恵美子の遺骨にすがり、泣くに一滴の涙さえなく、ただ慟哭、身をふるわせて、もだえ悲しむのみ。二〇日ばかりは、失心した者のごとく乱れ髪をととのえる気力もなく、毎日、仏壇の前に端座して、娘の成仏往生をいのるのみ。いままでひたってまいりました幸福の暖かさも一ぺんに冷たい渕のどん底に突きおとされてしまったのでした。

　興奮する胸をつとめてなでおろし、冷静に心を持するを待って、四国新居浜の婚家の〇〇満一氏夫妻を、およびむこでありましたK氏にたいし、寛大寛大につとめつつ、拾数本の封書（反省を促し、

衷心悔悟さすべく）を送りましたが、一本の返事もなく、ざんにんきわまりなきこと、まったく野獣とえらぶところなきかれら。自重をかさねてまいりました凡庸の私といえども、ただ立腹を押さえきれず、提訴にふみきったしだいであります」（前掲『人間の誇りうるとき』91〜92頁）

3 差別の圧力が差別の現実をねじ伏せる

　差別の現実のすさまじさが、差別を受けている側がその思いを外に向かって明らかにすることさえねじ伏せてしまうことがあります。「心理面での被差別の現実」＝領域Ⓔを考えるときに、この被差別の側が強いられる「心の葛藤」という側面を見ておかなければなりません。

　差別を受けた者がその思いを吐き出すとき、人びとの前に姿を現すのは差別を受けた者の深い思いだけではありません。当事者が思いを吐き出すこととは、自分が被差別当事者であることを世間にさらけ出すことにほかならないのです。そのことによって、今後、差別のまなざしを真正面から注がれていくことを引き受けなければならないのです。

　「怒りを爆発させたい」「悲しみを伝えたい」「無念の思いをはらしたい」、そんな思いのたけを抑え続けることの苦しさは想像に難くありません。しかしその思いを外に向かって訴えれば、自らがその差別を受けている当事者であることが社会的に明らかになるのです。自分だけではありません。家族までもが辛い思いを強いられるかもしれないのです。「訴えたい思い」と「その結果生じることへの不安」、そんな両者が天秤にかけられるとき、「訴えたい思い」が抑え込まれることは珍しくありません。差別の圧力が、差別の現実をねじ伏せてしまうのです。差別の厳しさが、差別の現実を訴える権利すら奪うのです。そして、「訴えたい思い」を自ら封じ込めてしまったことへのどうしようもない屈辱感が、被差別当事者の心をさらに深く傷つけるのです。

　厳しい差別ほど、この傾向は強いといえるでしょう。部落差別の中でも、結婚差別問題では特にこのことが顕著です。表1は、同和地区住民

表1　結婚差別を受けたときの対処（複数回答）〔2000年大阪府部落問題調査〕

	回答者数（人）	家族や親戚に相談した	友人に相談した	部落解放運動をしている人（団体）に相談（連絡）した	行政（人権擁護委員を含む）に相談（連絡）した	差別した人に抗議した、話し合った	誰にも相談しなかった	その他	無回答
同和地区生まれの結婚差別体験者	268	36.2%	17.5%	3.7%	0.4%	13.8%	39.6%	6.3%	3.0%

　が結婚差別を受けたときにどのように対処したのかについての「2000年大阪府部落問題調査」での「同和地区内意識調査」の結果です。「部落解放運動をしている人（団体）に相談（連絡）した」が3.7%、「行政（人権擁護委員を含む）に相談（連絡）した」が0.4%と、ほとんどの場合において、事件が社会的に明らかにされていないことを調査の数字は教えています。たとえ相談したとしても、その相手は家族や友人が圧倒的で、あくまでも「身内」で対処されているのです。

　「結婚差別の事実を行政や運動団体に訴えれば、ことが公になってしまう。二次被害ではないが、今度はそのことによってまた傷つくことがあるかもしれない」「煮えくり返るほどの思いはあるものの、家族だけで耐え忍んだ」「事故にでもあったと思って早く忘れてしまったらいい」。そんなやりとりのなかで、事件を葬らざるを得なかった状況が浮かび上がってきます。そんな差別の圧力を見るとき、39.6%と最も高かった「誰にも相談しなかった」は、「相談できなかった」というのが本当のところではなかったのかと思わざるを得ません。

　部落問題以外においても、差別の圧力が強いる「心の葛藤」は同じです。戦時下における性的強制被害者問題（いわゆる「従軍慰安婦」問題）において、当事者が長い間の沈黙を余儀なくされてきた事実も事情はまったく同じです。訴えることによって明らかになる自分の過去が、家族や周囲の人びとに及ぼす影響を考えるとき、それはまさに人生をかけた告発であったといえるでしょう。

近年クローズアップされているセクハラ問題においても、職場の差別的な体質が厳しければ厳しいほど訴える力は押しつぶされてしまいます。訴えた者が逆に奇異のまなざしの対象にされるということさえ生じるのです。そんなどうしようもない状況のもとで、差別を受けた当事者の側が職場を去っていかなければならないという二重の人権侵害がまかり通ることもあるのです。

　薬害エイズ訴訟における被害者の姿もそうでした。血友病患者が、エイズウイルス（HIV）に汚染された非加熱の血液製剤を投与され続けたことによって引き起こされたこの事件において、被害者側にはなんの落ち度もないことは明らかです。患者の人たちは、命を預けた医師の手によって感染させられていったのです。しかしその責任を問うた裁判は、原告団の代表など一部の人たちを除いて「匿名裁判」という特異な形をとらざるを得ませんでした。この怒りと悔しさを一人でも多くの人に伝えたいという願いをもちながらも、しかし顔や名前を出してそのことを訴えるとたちまち自分が感染者であることが明らかとなり、それによって被るかもしれない差別の重さを突きつけられたのです。しかも差別は、自分の家族にも襲いかかることが容易に想像できたのです。その結果、多くの原告は、裁判所の中だけで、しかも匿名でしかその思いを明らかにできなかったのです。

　「心理面での被差別の現実」を差別の現実の第5の領域Ⓔとして正しく受けとめることの大切さを確認したいと思います。「見えない差別の現実に思いを馳せる」努力が差別の現実認識において問われています。

4…「外縁領域」の設定

　ところで図2には、Ⓐ Ⓑ Ⓒ Ⓓ Ⓔの5領域を包み込む形でさらに(イ)と(ロ)の拡大領域を設けています。5領域の差別の現実を包み込んでいるように描いているこの領域を部落差別の現実の「外縁領域」と名づけることにします。外縁領域とは、「それ自体を部落差別の現実だとは規定でき

ない。今日それ自体に部落差別を助長する目的意識性もない。しかし、部落差別の現実と密接にかかわっている社会の現実」を指しています。

　ここでは、結婚差別の問題を取り上げて、5領域にわたる差別の現実認識と、この問題における外縁領域の具体例を考えてみることにします。まず領域❹に該当するのは、例えば部落出身者との結婚に反対する差別意識です。「自分たちも部落出身者と見なされてしまう」「血筋が穢れる」などの結婚差別行為を生み出す意識がこの部分です。こうした意識は、ときとして相手が部落出身者であるのかどうかを調べる身元調査行為へと発展することがあります。また、相手が部落出身者であることがわかった場合には、結婚への反対行動となって現れます。それが❶の部分です。こうした結婚差別の現実が発覚したものが❸の結婚差別事件です。しかし、事件の発覚は現実のごく一部にすぎません。

　結婚にかかわる部落の状況＝領域❷は、こうした加差別の現実の反映として存在しています。差別による破談体験者の存在や部落内外の通婚における被差別体験などです。その結果、結婚後においても、相手の親との行き来が制約されている状況や、部落外への居住が強要されるなど、結婚差別の現実がさまざまな形で人生や生活の中に現れています。そんな結婚差別の現実は、結婚についての不安や心配、部落出身であることを打ちあけるべきかどうかという告知での悩みなど、部落の人びとにさまざまな心の負担を強いています。それが❺の領域です。簡単に例示しましたが、❹❷❸❶❺のここまでが、結婚にかかわる5領域にわたる部落差別の現実です。

　こうした現実を包み込んでいる心理面での外縁領域㈠とは、例えば「イエ意識」です。「イエ意識」そのものを部落に対する差別意識とストレートに結びつけることは困難です。また「イエ意識」そのものの由来は部落差別とは一定独自なものであり、そこに部落差別を助長する目的意識性を認めることはむずかしいといえるでしょう。しかし「イエ意識」が、部落に対する差別のまなざしを支え、部落の人との結婚を避けようとする差別意識（領域❹）と深くかかわっていることは確かです。「血筋

が穢れる」という発想は、まさに「イエ意識」と表裏一体のものだからです。もちろん心理面での外縁領域は「イエ意識」に限られたものではありません。結婚とは何か、人生のパートナーに求める大切なことは何かなど、結婚観や人生観など、さまざまな価値観や人権意識なども当然この領域に含まれてくるものです。

　もう一つの外縁領域㈹は、実態面から結婚差別の現実を支えているものです。それは例えば「戸籍制度」です。本籍地と呼ばれる土地に、人を結びつけることによって国民を管理する仕組みとしての戸籍制度が日本社会において機能しています。日本国民の存在証明は、まさにこの土地への登録によってなされているのです。問題は、その本籍地が部落の所在地と照合されることによって、ある人が部落出身者であるかどうかの決め手として悪用されている現実があることです。このとき、戸籍制度は、部落出身者であることを暴く公の証拠資料としての機能を発揮することになります。もちろんそれが戸籍制度の目的でないことは確かですが、部落差別の現実を支えていることも確かなことなのです。

　結婚差別にかかわる実態面の外縁領域もさまざまに存在しています。「釣書交換」の慣習や身元調査の放置などの社会の現実も、差別の実態を許している外縁領域としてとらえられなければなりません。かつては結婚に至るプロセスの主流を占めていた「見合い結婚」の習慣も、紹介者の選別の段階で結果として部落出身者が排除される仕組みとして機能していたことを考えると、これもやはり結婚差別の外縁領域に位置していたものといえるでしょう。

　ただしここで注意を要するのは、こうした心理面や実態面の外縁領域は、部落内外の境界を越えて存在している点です。それらは、部落内外の双方に影響を与えているのです。図２で、㈤㈹が部落内外を包み込む形で作図しているのはそのためです。つまり、ここでの結婚問題の例に従えば、部落の人びとも「イエ意識」にとらわれることがあるのであり、人権意識の欠如から、結婚相手の「身元調査」を依頼し、特定の社会的階層の人びとを排除しようとする可能性があるということです。外縁領

域は、被差別、加差別の垣根を越えて影響を与えているものとして理解することが求められています。

　外縁領域の設定は、5領域にわたる差別の現実認識をいっそう立体的なものとして浮かび上がらせます。外縁領域の想定は、「部落差別の現実」と「社会の現実」とのかかわりを考えさせてくれるものです。

第3章 5領域論からの提起と差別の現実の検証

1…5領域論からの提起

1 部落差別があるのかないのか、その判断基準の変化

　部落差別の現実がいっさいの取り組みのスタートラインです。ですから、「5領域論」という新しい現実認識の枠組みは、差別の解消をめざすさまざまな取り組みに影響を与えずにはおきません。ここではその主な点について述べておきたいと思います。

　まず、最も基本的な点でいうと、「部落差別があるのかないのか」その判断の基準が変化するということです。これまでの「3領域論」は、3領域の現実を取り上げて差別の現実の有無を判断してきました。市民の間における差別意識の存在や、部落内外の生活実態の格差検証、そして差別事件の発覚状況が「部落差別の現実の有無」の判定基準としての役割を果たしてきたのです。

　「5領域論」の領域Ⓓはこれに加えて、差別事件としては発覚していないものの、部落問題が市民の日常生活の中に登場しているその取り上げられ方や状況にも十分留意して判断することを求めます。差別事件という氷山の水面下の部分への着目であり、部落の外における「加差別の現実」を直視しようということです。

　「5領域論」の領域Ⓔはまた、「部落の人びとの思い」に心を馳せることをうながします。住環境が改善され、生活実態における格差が是正

されてきたとしても、胸を張ってふるさとを名のれないというような現実は解消されているのだろうか。部落出身者だからといって結婚に際して不安や心配はなくなっているのだろうか。そんな「心理面での被差別の現実」を差別の有無の大切な判断基準として見つめることを提案するのです。「5領域」に視野を広げて、部落差別の現実の有無をとらえることが求められることになります。

2 実態調査活動の改革

　差別の現実認識の広がりが最もストレートに反映される取り組みは実態調査の分野だといえます。「3領域論」の時代は、実態調査もまた「3領域論」に符合した形で組み立てられてきました。その結果、部落に対しては、住環境や教育・労働・健康など生活実態調査が実施され、市民を対象にしては意識調査が実施されてきました（23頁、図3を参照）。

　「5領域論」では、部落に対して、生活実態だけではなく、領域Ⓔ「心理面での被差別の現実」を把握するための調査が必要であることを提起します。また市民を対象にした調査では、「意識調査」だけではなく、部落差別に関連した体験や見聞、態度などの日常の生活のありさまにまでウイングを広げ、領域Ⓓ「実態面での加差別の現実」へのアプローチを求めます。さらには「外縁領域」を視野に入れた調査項目も組み込まれていけば、差別の現実の全容がいっそう明らかになるでしょう。

　「5領域論」は調査の領域を広げるだけではありません。「5領域論」は、調査の手法に関しても影響を与えるものです。これまでの調査は、そのほとんどの場合が、調査票を用いた量的調査でした。とりわけ部落内外の生活実態の格差を明らかにするのには、調査結果が表やグラフで明示できる量的データが重宝であったからです。しかし、市民の日常生活に登場する部落問題の様子（領域Ⓓ）や、部落の側における心理面での葛藤（領域Ⓔ）などの現実は、量的調査でなかなか把握できない内容であるといわねばなりません。また、差別事件における複雑な要因のかかわりの解明も同じです。そこで注目されてくるのが質的調査です。関

係者に対する聞き取り調査や事件のケーススタディなど、質的調査を積極的に活用した多面的な部落差別の実態把握が要請されてきます。

「2000年大阪府部落問題調査」は、こうした「5領域論」に立脚したはじめての本格的な部落問題調査として注目されるべきものです。この調査は異なる8種類の調査から構成されており、領域❹「差別意識」については「大阪府民意識調査」が、領域❺「部落の生活実態」については「地区概況調査（行政調査）」と「地区生活実態調査」が、領域❻「差別事件」については「過去10年間の差別事象調査（行政調査）」がおこなわれています。また「大阪府民意識調査」の項目は領域❼を視野に入れて設計されており、領域❽を把握するために「地区住民意識調査」が実施されました。さらに「地区住民意識調査」において被差別体験があると回答した人には、抽出して聞きとりによる「被差別体験者ヒアリング調査」もおこなわれています。その他、「事業実績調査」と「過去10年間の大阪府既存調査報告書のまとめ」もなされました。こうした「2000

図4　「2000年大阪府部落問題調査」の体系図

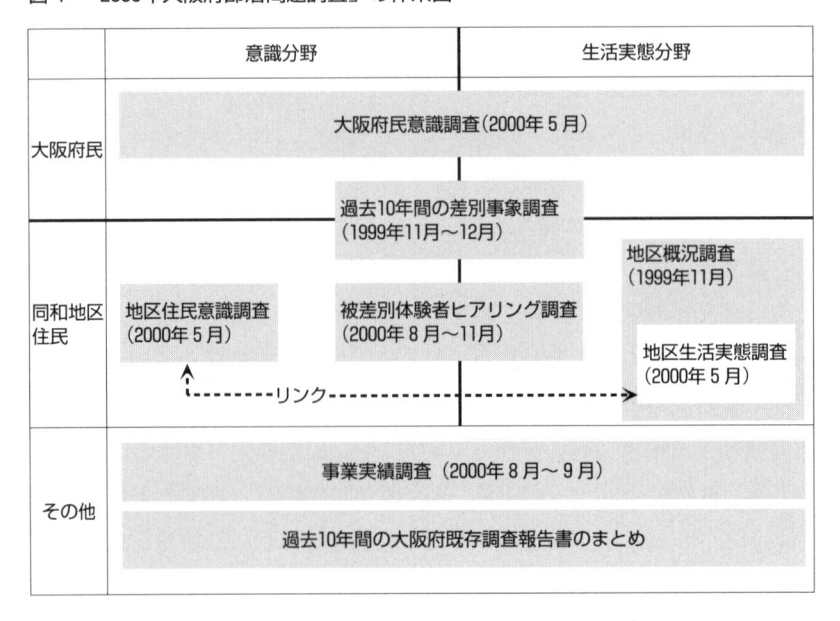

	意識分野	生活実態分野
大阪府民	大阪府民意識調査(2000年5月)	
	過去10年間の差別事象調査 (1999年11月〜12月)	
同和地区住民	地区住民意識調査 (2000年5月) ← - - - リンク - - - →	被差別体験者ヒアリング調査 (2000年8月〜11月)	地区概況調査 (1999年11月) / 地区生活実態調査 (2000年5月)
その他	事業実績調査 (2000年8月〜9月)	
	過去10年間の大阪府既存調査報告書のまとめ	

年大阪府部落問題調査」の体系を「5領域論」とのかかわりを念頭において整理しているのが図4です。

なお「2000年大阪府部落問題調査」の内容や結果については、大阪府から出されている調査報告書および拙著『「人権の宝島」冒険──2000年部落問題調査・10の発見』(解放出版社、2002年、以下、『「人権の宝島」冒険』)をご覧ください。

3 同和行政・同和教育の再構築──部落対策的発想からの脱却

「5領域論」で最も大きな影響を受ける取り組みは、部落差別の解消を目的とする同和行政や同和教育の分野だといえます。

「3領域論」に立脚していたこれまでの同和行政は、部落の生活実態の改善に精力を注ぎ込んできました。そしてその手法として、同和対策事業という特別対策事業方式を採用してきたのです。1969年の同和対策事業特別措置法の制定に端を発するこのスタイルは33年間継続され、同和行政といえば同和対策事業とイコールで受けとめられるほどにまで浸透してきました。

この取り組みは大きな成果を残してきました。しかしその反面、「部落問題の解決」とは「部落の生活実態の改善」であるかのように狭く受けとめられ、同和行政とは部落に対して何か特別な取り組みをおこなうことであるといった「部落対策」的なイメージを広げてしまいました。

差別の現実がこのように部落の実態に焦点が当てられてきた結果、「部落の有無」と「部落差別の現実の有無」とが混同して理解され、部落の外に広がる「加差別の現実」への課題認識が弱いものになってきたのは事実です。同じことは同和教育の取り組みにおいてもしかりで、部落問題学習が、ともすれば部落を校区に含む学校での実践に閉ざされる傾向が生じてきました。

しかし、部落問題の根本的な解決を展望するとき、部落に対する取り組みに劣らず大事なのは部落の外における「加差別の現実」に向けた実践だといえます。その意味では、部落の外に向けた同和行政のあり方や、

部落を校区に含まない学校での同和教育の実践などがもっと研究され、目的意識的に展開されなければなりません。それが、領域Ⓐ「心理面での加差別の現実」からの提起であり、領域Ⓓ「実態面での加差別の現実」が求めているものといえるでしょう。

一方、領域Ⓔへの着目によって、部落に対する取り組みのあり方も、個人給付のような対症療法的な施策から、「自立」支援型のスタイルへと発展することが求められます。差別の現実の広がりを視野に入れた同和行政、同和教育のあり方が問われてきます。

4 部落解放運動の発展の糧に

差別の現実認識における発展が部落解放運動にも影響を与えることは当然のことといえるでしょう。解放運動もまた「3領域論」にのっとって展開されてきたことにより、同和行政と同じように、その主要なパワーを部落の生活実態の改善に費やしてきたのです。差別の現実認識における「5領域論」は、こうしたこれまでの運動の組み立てにも発展と変革を求めます。

例えば領域Ⓔ「心理面での被差別の現実」に対する着目は、差別とは単なる「状態」の問題ではなく、他者との「関係」によって生じるものであることを教えてくれます。感情は人と人との間において生み出されるものであり、「忌避」や「排除」といった差別的人間関係の現実が部落の人びとの心模様をつくり上げているのです。そこからは部落内外の豊かな人間関係づくりという大きな戦略目標が浮かび上がってきます。

領域Ⓔはまた、部落の人びとの自尊感情をはじめとする自己概念の形成という課題を部落解放運動の重要なテーマへと押し上げます。「自己実現」というキーワードが、取り組みの目標に重要な位置を占めることとなります。さらには、ピアカウンセリングともいうべき部落出身者自身による相談活動の重要性も見えてきます。その結果、部落解放運動そのものが部落出身者にとっての「よろず相談機関」たりうるものであることが求められるのです。

こうして領域Ⓔに着目するとき、生活実態の改善という課題は、もはや単なる「貧乏の克服」や「格差是正」の問題だけではなくなってきます。それは、部落の人びとの「自立」や「自己実現」のための必要条件の整備なのであり、部落解放運動はそんな被差別当事者が自己実現を果たすための最大の味方であることが必要になってくるのです。その結果、部落解放運動の求心力も、従来の「経済的要求の実現」のレベルから、「思い」や「願い」の吸収力、「生きがい」や「やりがい」の発信力へとパワーシフトしていくことが提起されてくるのではないでしょうか。

　「外縁領域」の設定も、部落解放運動のあり方に変化発展をうながします。例えば、心理面での「外縁領域」(イ)が、部落の人びとを包み込んでいることへの自覚です。そのことは、部落出身者自身も女性差別や障害者問題において、差別を支える価値観や人間観の影響を受けていることを教えてくれます。ときには、部落差別を支えている社会意識にさえ影響を受けていることがあるのです。人権意識の向上をはかる組織内での取り組みの展開は、部落解放運動の社会的信用を高めるうえでも大切な課題となってくるものです。

　部落差別を支える社会意識の構造解明や人権意識とのかかわりからの部落に対する偏見形成のメカニズムを解明する課題も、「外縁領域」への着目から求められてきます。さらには、差別の現実と深くかかわるさまざまな現代社会の仕組みを発見し、人権の視点からの社会変革を構想する力が要求されてくるのです。差別の現実認識の広がりは、部落解放運動がさらに大きな舞台へと登場していくことを駆り立てずにはおかないといえるでしょう。

5　他の差別問題への普遍性

　「5領域論」は、部落差別の現実認識だけにあてはまるものではありません。障害者に対する差別にあっても、領域Ⓐ～Ⓔの五つの領域から差別の現実をとらえることは可能です。ただしその場合には、縦軸は「部落内」「部落外」ではなく、「障害あり」「障害なし」の区分として読

み替えられます。在日外国人差別や女性差別、性的マイノリティに対する差別など、さまざまな差別問題においても、その現実を把握する認識の枠組みとしてそれは有効です。

　差別解消に向けた取り組みの広がりは、差別の現実認識の広がりに規定されます。さまざまな差別問題において、どの範囲までが「差別の現実である」と認識されているのかによって、その問題における取り組みの広がりが決まってくるのです。差別の現実認識における「5領域論」や「5領域論からの提起」は、部落問題にとどまらず、広く差別問題を考えるうえでの普遍的な意義を持つものであるいえます。

2…5領域論に沿った差別の現実の検証

1　なお深刻な部落への差別意識──領域Ⓐの検証

　それでは実際にこの「5領域論」に立脚して、部落差別の現実を確かめていくことにします。

　まず取り上げるのは領域Ⓐ「差別意識」=「心理面での加差別の現実」です。用いる調査データは、2005年に大阪府が実施した「人権問題に関する府民意識調査」（以下、「2005年大阪府民意識調査」）です。

結婚での忌避意識

　「自分の結婚相手を考えるとき、あるいは、自分の子どもの結婚相手を考えるとき、人柄以外で、あなたは何が気になりますか」との質問において、「相手が同和地区出身者かどうか気になる（気になった）」と回答した人の割合を示しているのが表2です。「自分の結婚相手を考える場合」においてが20.2％、「自分の子どもの結婚相手を考える場合」では23.2％が「気になる（気になった）」としています。

　結婚という重大事に、「気になる」ことをそのまま放っておいて前に進めるということは考えにくいことです。結果、「気になる」ことを確

表2　結婚に際して気になること〔2005年大阪府民意識調査〕

	回答者数(人)	相手が同和地区出身かどうか気になる（気になった）
自分の結婚相手を考える場合	2,858	20.2%
自分の子どもの結婚相手を考える場合	2,952	23.2%

かめるすべが模索され、そのさきには「身元調査」という行為が見えてきます。そしてそこに、戸籍謄本不正入手事件や「部落地名総鑑」事件など、悪質な差別事件が連なってくるのです。そんな部落出身者に対する忌避の意識に、大阪府民の5人に1人以上が、なおとらわれています。

同和地区に対する忌避意識

「2005年大阪府民意識調査」では、「もし、あなたが、家を購入したり、マンションを借りたりするなど住宅を選ぶ際に、同和地区や同じ小学校にある物件は避けることがあると思いますか」との形で、同和地区に対する忌避意識を尋ねています。図5はその回答結果です。

図5　同和地区に対する忌避意識　〔2005年大阪府民意識調査〕

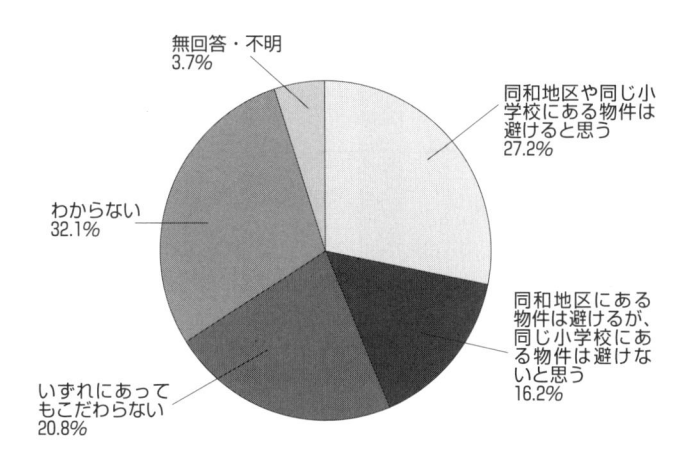

- 無回答・不明　3.7%
- 同和地区や同じ小学校にある物件は避けると思う　27.2%
- 同和地区にある物件は避けるが、同じ小学校にある物件は避けないと思う　16.2%
- いずれにあってもこだわらない　20.8%
- わからない　32.1%

同和地区だけではなく、同じ小学校の校区でさえも避けるとした人が27.2%もいます。また、同和地区の物件の場合のみを避けるとした人が16.2%あり、この二つの回答を合わせると、「同和地区の物件は避ける」とした人の合計は43.4%に達しています。同和地区およびその周辺地区への居住に対するに強い忌避意識が明らかにされています。

2 厳しい部落の生活の状況——領域Ⓑの検証

次は領域Ⓑ「部落の生活実態」＝「実態面での被差別の現実」です。大阪府では、「行政データ」を活用して部落の生活実態を把握するという調査方法を採用しています。2005年12月に出された大阪府企画調整部長通知「同和問題の解決へ向けた実態把握について」にその方針が示されています。これに基づき、2006年に府内市町の協力を得て「同和地区の生活実態」が把握されました。ここではそのなかから生活保護受給と就学援助利用の状況、および大学への進学状況について取り上げます。なお市町全体および同和地区のデータは、いずれも大阪市分を除いたものとなっています。

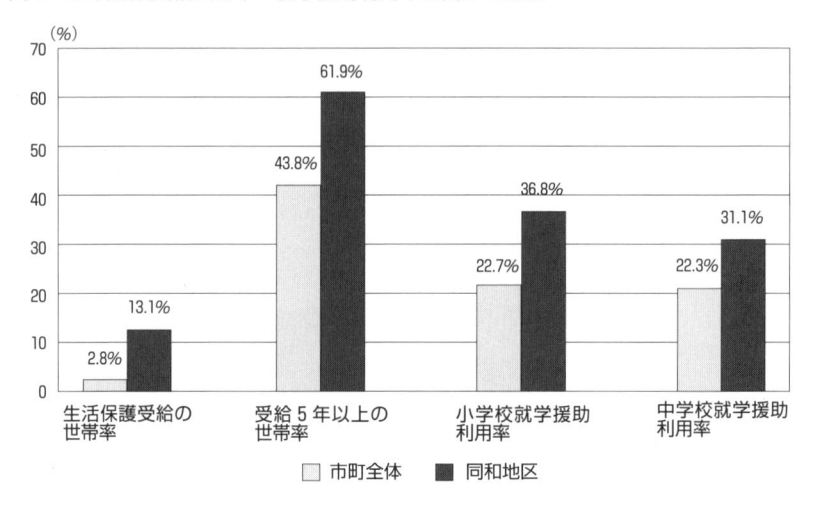

図6　生活保護受給世帯率・就学援助利用率に関する比較

	市町全体	同和地区
生活保護受給の世帯率	2.8%	13.1%
受給5年以上の世帯率	43.8%	61.9%
小学校就学援助利用率	22.7%	36.8%
中学校就学援助利用率	22.3%	31.1%

生活保護受給世帯率・就学援助利用率

　図6の左の二つの棒グラフは、生活保護を受給している世帯の比率と5年以上の長期受給世帯率を市町全体と同和地区とで比較したものです。同和地区における生活保護受給世帯率は13.1％と、市町全体の2.8％の4倍以上の高い率になっています。またその61.9％が5年以上の長期受給となっており、生活保護からなかなか抜け出せない様子が示されています。

　また右の二つの棒グラフは、小学校、中学校における就学援助の利用率の比較です。小学校では14.1ポイント、中学校でも8.8ポイント、それぞれ同和地区のほうが高くなっています。同和地区における生活状況の厳しさが浮かび上がってきます。

府立高等学校卒業後の進路

　図7は府立高校卒業後の進路を市町全体と同和地区生徒の場合を比較したものです。大学・短大の進学率が24.1％と、市町全体の42.6％に比べて極めて低いことが明らかにされています。学歴構成における格差は

図7　府立高校卒業後の進路

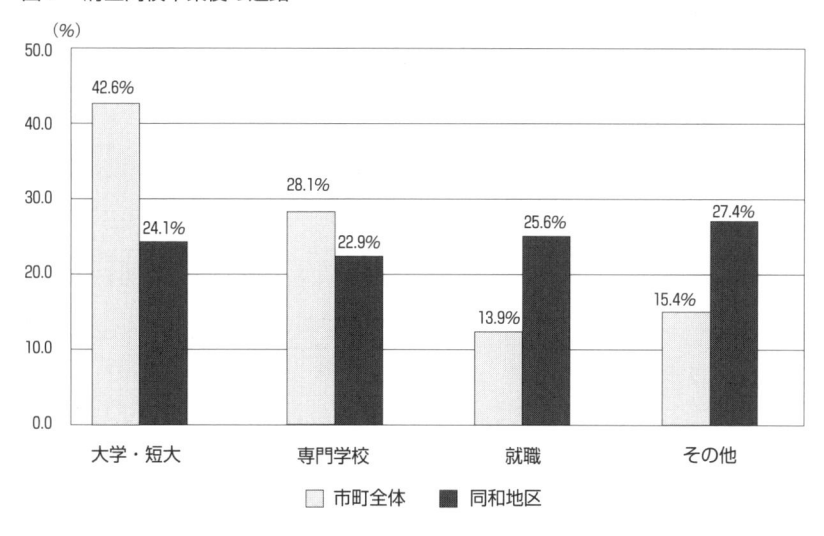

	市町全体	同和地区
大学・短大	42.6%	24.1%
専門学校	28.1%	22.9%
就職	13.9%	25.6%
その他	15.4%	27.4%

今日なお再生産されているといえます。

3 続発する差別事件──領域Ⓒの検証

次に領域Ⓒ「差別事件」の状況を見ておきます。「2000年大阪府部落問題調査」では、「過去10年間の差別事象調査」をおこなっています。これは、近年における大阪府・府内市町村および府・市町村教育委員会において確認された部落差別事象の内容と件数を把握するものでした。しかし、「差別の圧力が差別の現実をねじ伏せる」の項（本書44頁）で述べたとおり、差別事象はなかなか表面化されません。とりわけ、部落出身者が直接受けた差別事象は、行政機関に届けられるケースが極めて限られています。そこで「2000年大阪府部落問題調査」では、同和地区住民への意識調査において「直接差別を受けた経験」を尋ね、差別事件発生の実相に迫っています。これら二つのデータから、差別事件の状況を確かめます。

発覚した差別事件は10年間で2,792件

「2000年大阪府部落問題調査」で把握された「過去10年間の差別事象」の件数を発覚年別にグラフにしたのが図8です。年によって大きな変動がありますが、発覚したものだけでも年間150件以上と、続発している状況が明らかにされています。年によっては年間300件以上も発覚しています。

発覚件数をはるかにしのぐ被差別体験

同和地区住民に、直接的な被差別体験の有無を質問した結果が表3です。これによると、全体の28.1％が差別を受けたことがあるとしています。なかでも注目したいのは、差別事象調査と同じ期間にあたる「この10年以内」に差別を受けたことがあるとした人の数値が813人（回答者総数の11.0％）にのぼっていることです。これを「2000年大阪府部落問題調査」の母集団数（67,789人）で勘案すると、この10年間に7,400人余りの

図8 部落差別事象の発覚件数〔2000年大阪府部落問題調査〕

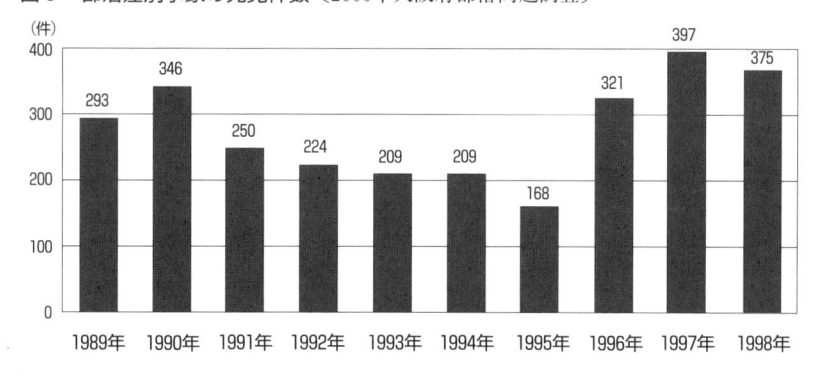

年	件数
1989年	293
1990年	346
1991年	250
1992年	224
1993年	209
1994年	209
1995年	168
1996年	321
1997年	397
1998年	375

表3 直接差別を受けた経験〔2000年大阪府部落問題調査〕

回答者総数	差別を受けたことがある	この10年以内	10〜20年ほど前	20年以上前	時期無回答	差別を受けたことはない	無回答
7,418(人)	2,085	813	483	735	54	5,126	207
100.0%	28.1%	11.0%	6.5%	9.9%	0.7%	69.1%	2.8%

地区住民が部落差別を直接的に体験したことになります。

　今、1人が被った事象はこの期間に1回であると仮定したとしても、1年間に平均740件以上の差別事象が発生していることになります。その件数は図8で示した、行政によって把握された件数をはるかに超えています。直接的な被差別体験の数字に、「差別落書き」などの他の類型の差別事象を加えるとその総数はさらに大きく膨れ上がります。差別事件が続発していることが明らかにされています。

4 横行する差別的情報と結婚差別——領域Ⓓの検証

　次に検証するのは、領域Ⓓ「部落の外の差別の実態」＝「実態面での加差別の現実」です。「人権論」の受講生が発見してきたような、日常

の市民生活の中に姿を現している差別の現実を調査データからとらえてみます。

飛びかう「同和地区の人はこわい」という噂

「2005年大阪府民意識調査」では、「あなたは『同和地区の人はこわい』というような話を聞いたことがありますか」という質問によって、大阪府民の日常生活における部落問題登場の一端を尋ねています。表4はその結果です。それによると、「同和地区の人はこわい」という話を60.7％の人が聞いたことがあるとしています。

表4 「同和地区の人はこわい」という話を聞いたことがあるか〔2005年大阪府民意識調査〕

回答者数(人)	話を聞いたことがある	話を聞いたことはない	無回答
3,675	60.7%	35.8%	3.5%

「話を聞いたことがある」人のうち、その情報をどこから入手したか（複数回答可）

回答者数(人)	家族から	親戚から	近所の人から	友人から	職場の人から	学校の先生	府や市町村の職員	知らない人から	その他・無回答・不明
2,231	35.1%	14.4%	30.5%	40.6%	22.1%	2.0%	1.2%	9.0%	5.6%

「話を聞いたとき」の感想

回答者数(人)	そのとおりと思った	そういう見方もあるのかと思った	反発・疑問を感じた	とくに何も思わなかった	無回答・不明
2,231	12.2%	62.5%	12.3%	12.0%	1.0%

そこでこうした噂を聞いたことがある人に、その話の入手先を尋ねたところ、「友人から」が40.6%、「家族から」が35.1%、「近所の人から」が30.5%、「職場の人から」が22.1%などとなっています。およそ日常の生活で接するほとんどの人との間において、こうした差別的情報が飛び交っている状況がうかがえます。

またこうした話を聞いたときの感想を聞いたところ、「そのとおりと思った」が12.2%、「そういう見方もあるのかと思った」が62.5%と、合わせて74.7%もの人がこの噂を肯定的に受けとめていることが明らかになりました。「なぜそんなことを言うのか」「そんなふうにレッテルを貼るのはおかしいじゃないか」などと反発や疑問を感じた人はわずか12.3%にすぎません。同和地区住民に関する否定的な情報が流布され、すんなりと府民に受けとめられている「加差別の現実」が浮き彫りになっています。

結婚差別の実態が垣間見られる

「2005年大阪府民意識調査」では、「あなた自身あるいはあなたの親戚や友人で、同和地区の人との結婚に関して、もめたり、反対にあったりしたことを聞いたことがありますか」という質問を通じて、府民の側における結婚差別の実態を探っています。その結果は**表5**のとおり、「聞

表5 年齢階層別の結婚差別事象の見聞経験〔2005年大阪府民意識調査〕

	回答者数(人)	聞いたことがある	聞いたことはない	無回答・不明
総数	3,674	23.2%	73.6%	3.3%
20～29歳	437	14.4%	84.0%	1.6%
30～39歳	610	19.0%	79.0%	2.0%
40～49歳	563	25.9%	73.0%	1.1%
50～59歳	796	28.8%	67.6%	3.6%
60～70歳	729	26.1%	69.8%	4.1%
70歳以上	539	19.9%	73.5%	6.7%

いたことがある」とした人が23.2%、じつに府民の5人に1人以上にのぼっていることがわかりました。年齢階層別では、20歳代が14.4%と他に比べて低くなっていますが、これは結婚経験の比率がまだ少ない世代であることによる影響だと思われます。

この「聞いたことがある」の23.2%という数字は、とても大きな割合であるといわなければなりません。なぜなら、大阪府人口に占める同和地区人口の割合は、「2000年大阪府部落問題調査」によると約1.4%でしかないからです。人口比からして、そもそも同和地区住民と地区外住民の結婚は限られています。しかもそのすべてが「もめたり、反対にあったり」するわけではないのです。にもかかわらず、「回答者自身」あるいは「回答者の親戚や友人」という極めて限定された人間関係の範囲において、「同和地区の人」との結婚差別の体験や見聞経験がある府民が23.2%にも達していたのです。

このデータを理解するには、まずは、「同和地区出身者はかならずしも同和地区に居住しているとは限らない」という事実を再確認する必要があります。当たり前のことですが、部落出身者は同和地区以外にもたくさん住んでいるのです。

そして、これら同和地区外に居住する出身者に対しても、結婚差別がかなり広範囲にわたって引き起こされているという現実があることが推測されます。それが「回答者自身」あるいは「回答者の親戚や友人」という極めて限定された人間関係の範囲において、「同和地区の人との結婚に関して、もめたり、反対にあったりしたことを聞いたことがある」とする府民が2割以上も存在している理由だと判断されます。結婚差別の現実が、部落の外においても広く残されていることがうかがえます。

5 震える心が伝わってくる――領域Ⓔの検証

最後に取り上げるのが、領域Ⓔ「部落の側の心の現実」＝「心理面での被差別の現実」です。

「2000年大阪府部落問題調査」での同和地区住民への意識調査では、

「結婚するにあたり、自分が住んでいる所は同和地区である、または、自分は同和地区出身者である、といったことを相手に告げましたか」という形で、結婚における「告知」の状況を質問しています。表6によると、全体で52.7%の人が「告知」しており、その割合は世代が若くなるほど高くなっている様子がわかります。

「告知」行為は、単なる事実の伝達ではありません。現に部落差別が存在するもとで、自らが部落出身者であることを伝えるには、深いためらいや戸惑いがあることは容易に想像されます。「告知すべきか否か」「いつ、どのような形で告げるのか」「相手の反応によってどのように対

表6　年齢階層別の「告知」の有無〔2000年大阪府部落問題調査〕

	回答者数(人)	告知した	結婚前に	結婚後に	告知しなかった	無回答
総　　数	1,298	52.7%	48.5%	4.2%	43.5%	3.8%
15～29歳	119	72.3%	71.4%	0.8%	27.7%	－
30～39歳	277	72.2%	69.0%	3.2%	26.4%	1.4%
40～49歳	259	57.5%	54.1%	3.5%	40.5%	1.9%
50～59歳	295	43.1%	36.9%	6.1%	52.9%	4.1%
60～69歳	231	36.4%	30.3%	6.1%	56.3%	7.4%
70歳以上	117	32.5%	29.1%	3.4%	58.1%	9.4%

表7　「告知」「不告知」の理由と結婚差別の体験〔2000年大阪府部落問題調査〕

	理由	回答者数(人)	結婚差別を体験した人(人)	被差別体験率
告知をした	自分のすべてを知ってもらいたかったから	257	67	26.1%
	後で問題になるよりは、先に言っておいた方がよいから	164	54	32.9%
	相手が同和問題を理解していたから	101	23	22.8%
	相手は何となく気付いていたから	97	32	33.0%
	合計	619	176	28.4%
告知しなかった	あえて問題にするほどの内容でもないから	276	23	8.3%
	関係がこわれるのがいやだったから	25	15	60.0%
	相手が同和問題を理解していたから	33	3	9.1%
	相手はすでに知っていたから	173	32	18.5%
	合計	507	73	14.4%

注）「告知」「不告知」の理由のうち「その他」「無回答」は除く。

処したらよいのか」など、差別さえなければ抱えることのない重い心の負担が出身者に降りかかっています。

表7は、そんな逡巡を経て決意した「告知」「不告知」のそれぞれにおける理由と、さらに、そうしたことの末に、結婚差別を受けたかどうかの被差別体験を明らかにしているものです。

それによると、「自分のすべてを知ってもらいたかったから」として告知に踏み切った人の26.1%が差別を受けたとしています。「後で問題になるよりは、先に言っておいた方がよいから」と考え告知した人においても、32.9%の人が差別を受けたと回答しています。「相手が同和問題を理解していたから」と信じた末の告知にあっても、22.8%の人が差別を受けているのです。また「関係がこわれるのがいやだったから」との思いで告知しなかった場合においても、60.0%の人が差別を経験しています。

それぞれのケースにおいて、当事者はどんな思いで突きつけられた現実を受けとめたのでしょうか。調査の結果からは、当事者の震える心が伝わってくるような気がします。

3…5領域論を社会的認識へ

差別の現実認識における5領域論を、部落問題の理解をめぐる社会的な認識へと高める必要があります。研究や議論のレベルから、部落差別の現実認識にかかわる「社会的な合意」へと発展させなければなりません。それによってはじめて、「5領域論」は「取り組み」へと結びつき、「部落差別の解消」という目標とのラインで結ばれてくるのです。「5領域論」を社会的な認識に位置づけていく活動が求められます。

このことを考えるにあたって重要なのは、「部落差別の現実が5領域にわたって存在している」という事実と、「5領域にわたる部落差別の現実認識が社会的に認知されている」ということとは同じではないと理解することです。

それを考えるうえで、J.I.キッセとM.B.スペクターが『社会問題の構築——ラベリング理論をこえて』(マルジュ社、1990年) の中で述べている「社会問題の定義」は有意義な示唆を与えてくれます。キッセとスペクターは、「社会問題とはある種の状態であるという考え方を捨てて、それをある種の活動として概念化しなければならない」という「社会問題の定義」を打ち出しました。少しわかりにくいかもしれませんが、「社会問題は、なんらかの想定された状態について苦情を述べ、クレイムを申し立てる個人やグループの活動であると定義される。ある状態を根絶し、改善し、あるいはそれ以外のかたちで改変する必要があると主張する活動の組織化が、社会問題の発生を条件づける」ということです。

　部落問題に即して述べると、「部落差別の厳しい実態」が、この差別の現実を解決すべき社会問題として自動的に登場させたのではないということです。部落の人びとがこれを告発・抗議し、それによって「部落差別の厳しい実態」が人びとに明らかにされ、「何とかしなくては」という理解の広がりが生まれ、そうしてはじめて部落差別の現実が部落問題という社会問題になっていったということなのです。「厳しい差別の歴史」と「それが社会問題として取り上げられてくる経過」との間に、こうしたタイムラグが存在しているのは、他の差別問題においても同様です。

　また社会問題として認知されて以降も、すべての部落差別の現実が、「部落問題」の対象として認識されたのではありませんでした。第1章の「差別の現実認識の発展」において見たとおり、それもまた「活動」によって、次第にその全貌を差別の現実としてとらえさせてきたのです。

　本当はそうなんだけれども、しかし、社会の認識は必ずしもそうはなっていないというようなことは、社会問題の世界だけではありません。「ある(存在する)」ということと「社会的に認識される」ということの間に、それをうながす「活動」が介在していることは、自然科学の世界でも同じです。例えば、地球という星の誕生の瞬間から「あった(存在していた)」万有引力や太陽の周りを回る公転運動は、実在すると社会的

に認識されるには、ニュートンやガリレオに代表される科学者の「活動」を必要としたのでした。

　「活動」が社会問題を形成し、「活動」が社会問題として取り組む「現実の範囲」を規定していきます。だとしたら「5領域論」も、それに意味をもたせるためには、この部落差別の現実認識を「社会的な合意」へと高めなければなりません。「差別の現実とは、今まで言われてきたことだけではないんだ」「5領域において部落差別の現実をとらえなければならない」ことを訴え、「差別の現実をあるがままの広がりにおいて世に問う活動」が推進されなければなりません。

　部落解放同盟中央本部は、2004年に開催された第61回全国大会以降、その議案書の「部落のおかれている状況と差別実態の特徴」の項において「5領域からの差別実態」とする現実認識論を採用しています。「5領域論」を社会的な認識へと高める一歩はすでに踏み出されています。「部落差別の現実とは何か」という、原点の議論が改めて問われています。

第4章 存在論
差別のとらえ方・その1

1…「差別のとらえ方」をなぜ重視するのか

1 「差別のとらえ方」の大切さ

　もう一度、図1を掲載します。ここで注目してもらいたいのは、「差別の現実」と「取り組み」の間に、下から突き上げるように矢印で示している「差別のとらえ方」です。それは、「差別の現実をどのように受けとめればよいのか」というテーマです。やや硬い言い方をすると、「差別の現実の必然性の洞察」ということにでもなるのでしょうか。つまりは、「なぜ差別の現実が生まれてくるのか」「どうしたら解消してい

図1　部落問題認識のパノラマ（再掲）

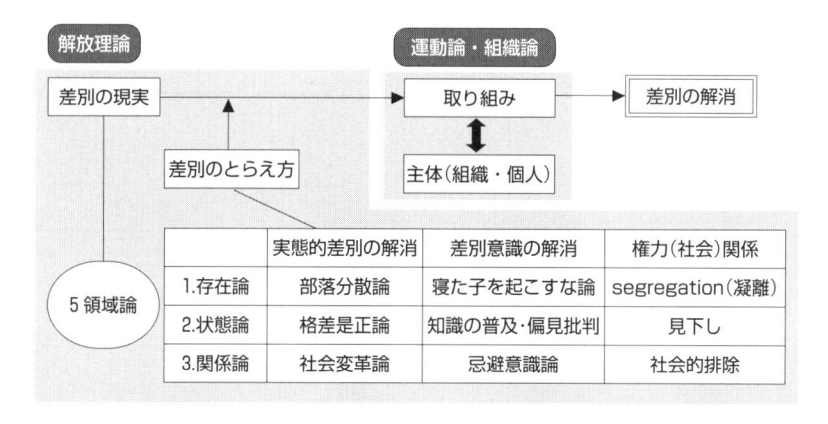

	実態的差別の解消	差別意識の解消	権力（社会）関係
1.存在論	部落分散論	寝た子を起こすな論	segregation（凝離）
2.状態論	格差是正論	知識の普及・偏見批判	見下し
3.関係論	社会変革論	忌避意識論	社会的排除

（解放理論：差別の現実／運動論・組織論：取り組み→差別の解消／主体（組織・個人）／差別のとらえ方／5領域論）

くのか」ということについての考え方です。

　「差別の現実」をしっかり受けとめ、そして「取り組み」を進めていけば、やがて「差別の解消」に到達するというのが図1で示している部落問題認識の基本です。しかし、「取り組み」を進めていけば、必ず「差別の解消」に到達するのかといえば、そうとも限らないのです。「差別の現実」をしっかり見つめ、一所懸命に「取り組み」を展開したけれど、「差別の解消」には一向に接近しないという場合もあるのです。極端な場合には、「取り組み」を展開したことによって、かえって「差別の解消」から遠ざかってしまうということさえあり得るのです。

　こうした違いは何から生じるのかといえば、それは「差別の現実」をどのように受けとめたのかという「差別のとらえ方」の違いによります。間違ったとらえ方からは、間違った「取り組み」が導かれ、結果として目標の実現は不可能になります。ですから、「差別のとらえ方」は、「差別の現実」認識論とともに重要な部落問題認識のテーマとしてあるのです。

2　「味の素」伝説

　目標の実現に向かって取り組みを考えていくときに、「とらえ方」が大切であるというと、私にはいつも思い出すほろ苦い体験があります。差別や人権の課題とはまったく関係のないプライベートな経験なので恐縮ですが、「とらえ方」というものの大切さをイメージしていただければと思い紹介させてもらいます。

　私には大好きな祖母がいました。奈良県の山深い村に住んでいた祖母は、ことのほか私をかわいがってくれていたようで、学校の休みごとに田舎に帰る私に、とてもやさしく大切にしてくれたことを今でも思い出します。ところがそんな大好きな祖母にも、一つだけ「いやだな」「何とかしてほしいな」と感じることがありました。それが「味の素」でした。祖母は、毎度毎度の食事のたびにせっせと「味の素」をかけてくれました。焼き魚、煮物、おひたし、てんぷら、卵焼きなど、およそ用意

してくれるおかずのすべてに、「味の素」をたっぷりと振りかけてくれるのです。しかもその量は生半可ではありません。甘いものが好きだった私も、さすがにこれにはまいりました。

　後に、祖母の行為の謎は解けました。覚えておられる方もあると思いますが、当時、「味の素」には頭をよくする効果があるという噂が流されていたのです。「味の素」の成分の一つであるグルタミン酸が脳細胞の活性化を促進するというのがその理屈だったようです。

　考えるに祖母は、幼い私に「賢い子どもに育ってほしい」という目標を持ってくれたのでしょう。そしてその目標を実現するために、何とか自分にもできる「取り組み」を模索したにちがいありません。しかし、勉強を教えることなどはむずかしく、どうしたものかと悩んでいたところにこの噂が入ってきたのだと思います。「これならできる！」と感じた祖母は、それから私が田舎に帰るたびに、「均（私の名前）を賢い子どもにする」という目標に向かって、「味の素をたくさん振りかける」という取り組みをせっせと始めたのです。

　学校の勉強が得意な子どもと苦手な子どもがいます。こうした現実は何から生まれてくるのかという「学力問題のとらえ方」において、祖母は「味の素の摂取量」をひとつの回答として受けとめたのです。そしてその「とらえ方」から出てきた「取り組み」が、さきに述べた「味の素ふりかけ行動」だったのです。もしも祖母のとらえ方が正しければ、今日問題になっている子どもの学力問題への対応はじつに簡単なものとなります。それは、教育委員会の予算で「味の素」を大量に購入して、給食の時間にたっぷりと振りかける指導を徹底すればよいのです……(?!)。「とらえ方」の重要性を、大好きだった祖母の、こんな思い出とともに感じます。

　「部落問題認識の創造的再整理」として取り組む本書の第二のテーマは、この「差別のとらえ方」についての検討です。取り上げるのは、「存在論」「状態論」「関係論」の三つです。これらは私が便宜上ネーミングしたものであり、呼び方は重要ではありません。大切なのは、それ

ぞれにおける「差別のとらえ方」です。ただしそれぞれのとらえ方を取り上げるたびに、いちいち説明を加えていると煩雑になるため、本書では「存在論」「状態論」「関係論」という名称を使用することにします。

2 「存在論」という差別のとらえ方

1 「存在論」の論理

トップバッターとして取り上げるのは「存在論」という差別のとらえ方です。「存在論」を一言で説明すると次のように表現されます。

> 差別の原因は、差別される者の存在にある。

「女性差別があるのは、女性がいるからだ」「世の中に障害者がいるから、障害者差別があるのだ」といったとらえ方です。たしかに現象はそのとおりに映ります。差別される対象がいなければ、差別は成り立たないのです。じつに単純明快です。

しかしこの考え方に立てば、女性差別問題の解決は「世の中から女性をいなくすることである」という結論になります。女性を抹殺し、地球上を男だらけにすることが女性差別問題の解決に向けた取り組みとなってくるのです。ぞっとします。同じように、障害者差別問題の解決も、「世の中から障害者をいなくすること」となっていくことになります。

ここまで読まれた読者は、「なにをふざけたことを言っているのか」「こんなとらえ方はわざわざ取り上げるに値しない」といった批判の声が聞こえてきそうです。たしかにそうです。冷静に考えれば、じつにふざけた差別のとらえ方であるといわねばなりません。ところが、この考え方が、案外私たちの中に入り込んでいる現実があるのです。

その具体例として、在日韓国・朝鮮人に対する差別の問題を考えてみましょう。今も在日韓国・朝鮮人に対する差別の問題は未解決な課題で

す。国籍の違いを理由とした権利の制限もなお多くあります。こうした現状に対して在日韓国・朝鮮人の人たちが、「差別をなくせ!」「人権を保障せよ!」と訴えていることは周知のとおりです。こうした訴えに対して、次のような二つの主張に出合うことがあります。一つは、「日本社会に在日韓国・朝鮮人に対する差別が残っており、その差別がそれほどいやなら、いつまでも差別のある日本社会で生活していないで、皆さん方の祖国に帰ればいいじゃないか。差別を受けることもなくなるでしょうから」というものです。

そしてもう一つの意見が、「国籍のことで差別を受けたり権利が制限されることが不満であれば、日本に帰化したらよいではないですか。日本国籍を取得し日本人になれば、差別や権利制限は受けませんよ。そもそも現在のほとんどの在日韓国・朝鮮人の人たちは、日本社会の中で育ってきた人たちでしょう。言葉をはじめとする文化の問題にも支障はないはずです。つまり、あなた方が日本人になれば差別問題は解決するじゃないですか」という意見です。

たしかに、朝鮮半島に帰れば韓国・朝鮮人であるということで差別を受けることはないでしょう。また日本国籍を取得すれば、外国人として差別されることもなく、人権の制限も撤廃されます。しかしこの考え方は、やはり間違っているといわなければなりません。

前者の意見は、いわゆる日本社会からの「排除」という主張です。そして後者の意見は、日本人になってしまえという「同化」という考え方です。「出て行け」と「内に溶け込め」という両者はその方向をまったく異にするものです。しかしそこには共通した考え方が貫かれています。それは、日本社会に「韓国・朝鮮人」という人びとが「存在する」から在日韓国・朝鮮人差別という人権問題が生じているというとらえ方です。これら人びとが「物理的にいなくなる=排除」か、あるいは「質的にいなくなる=同化」かすれば、この差別問題は解決するという考え方です。まさに、「在日韓国・朝鮮人」という存在が「在日韓国・朝鮮人差別」の原因であるととらえる典型的な「存在論」なのです。

「『いじめられる子』がいるからいじめが起こる」「そんな服装をしているから痴漢にあうのだ」といった主張もこれと同類のものといえるでしょう。ハンセン病問題の解決にために、患者と見なされた人びとに対して、終生絶対隔離政策が1996年まで89年間も打ちぬかれ、これら人びとの絶滅が国を挙げて追求されたその背景にも、「存在論」が脈々と息づいているのです。「存在論」という考え方は、けっして侮れないものとして今日なお生き続けています。

2　映画「マルコムX」

　「存在論」という差別のとらえ方は間違っています。この考え方が問題にする「存在」は常に「被差別の側の存在」であり、「差別する側の存在」を取り上げることはありません。「被差別の側の存在」だけを問題にし、その解消が「差別解消への道である」ととらえるのです。深刻なのは、こうした「存在論」という考え方は、ときとして、被差別当事者自身にも影響を与えているという事実です。差別を受けている人びと自身が、被差別の原因を自分の存在に認めてしまうのです。

　映画「マルコムX」は、私にとって、このことを考えさせてくれるわかりやすい教材でした。スパイク・リー監督、デンゼル・ワシントン主演のこの映画は、アメリカの公民権運動の指導者であるマルコムXの生涯を描いた作品です。映画ですから、もちろん事実と相違する点もあるでしょうが、「存在論と被差別当事者」のことを考えさせてくれるインパクトのあるものでした。特に印象に残っているのは、次の二つの場面です。

　マルコムは窃盗などの罪で服役中に、同じく服役中の「ブラックモスリム（イスラム教徒のグループ）」の指導者からこんこんと説得されます。自分が黒人であることを嫌い、薬品によって髪を直毛にしようとしている彼に対してその指導者は、「なぜそんなことをする。黒人は自分の心と身体にもっと誇りを持たなくてはいけない」と諭します。そして「『黒』を辞書で引いたことがあるのか」と問い詰め、彼と一緒に辞書を

開くのです。そこには、「黒、光の欠乏。陰気、憂鬱のシンボル。どろまみれ、不潔、敵意などの象徴。腹黒い人、恥、不名誉。犯罪の事実なども黒という」と書かれてあり、「白」の項には、「光が最もよく反射する色。汚点、欠点がない。無垢、純粋、無害、正直、公正や高潔の象徴」と記されていたのです。なぜ、黒と白の色の解説がこんなに異なっているのか。「裏に隠された真実を探れ」と迫ります。

　ある日マルコムは、牧師による服役者への説教の時間に質問します。「キリストもヘブライ人ですよね。そのヘブライ人の肌の色は何色なのですか」と。牧師は唐突な質問におどろき、しかし戸惑いながら、「まだわかっていない」とごまかしながら、「しかしキリストは白人だ」と断定します。そしてその証拠として、その部屋に飾られている、白人として描かれているキリストの肖像画を指すのです。これに対してマルコムは、「つまり、キリストが白人だという確証はないわけだ。あなた方の神は白人ではなかった」と断じるのです。

　自分たちが差別を受けているのは、自分たちが黒人であるからではない。そうではなく、黒人を差別するような白人中心の社会とその歴史こそが、自分たちの不幸の原因なのだとマルコムはだんだんと気づいていくのです。だから、単なる色を指す言葉にも、こんなに優劣の価値観が盛り込まれているであり、自分たちの信仰の象徴であるキリストが有色人種であると困るので勝手に白人に仕立て上げているのだと見抜いていったのです。

　不幸な人生から脱却するために、塗り替えなければならないのは自分たちの「皮膚の色」ではなく、皮膚の色で差別を許している「社会のありよう」であることを確信したマルコムは、出所後、迷うことなくその生涯を社会変革の運動にささげていくのでした。

　マルコムⅩがいたったその結論は、カール・マルクスの『賃労働と資本』(大月書店、1956年)にある、「資本とは何か」を説明するにあたっての次の一節と重なります。「黒人は黒人である。一定の諸関係のもとで、はじめて彼は奴隷となる」。「黒人」だから「奴隷」になるのではありま

せん。もしも歴史が異なった展開をしていたならば、「白人奴隷」が誕生していてもおかしくはないのです。社会の「一定の諸関係」の中にこそ「隠された真実がある」のであり、「存在」そのものに差別の原因を求めることの間違いが端的に指摘されています。

3 絶望への奈落

　「存在論」が被差別の立場にある人びとをとらえ、差別を受けている人びと自身が被差別の原因を自分の側に認めてしまうとき、「存在論」は単に間違ったとらえ方であるというだけではなく、取り返しのつかない結果さえ招きかねません。

　映画「マルコムX」に描かれているように、それは被差別当事者に劣等意識を押し付け、閉塞感で包み込んでいきます。「どうせ自分は○○だから」という自己否定や、「しょせん世の中とはこういうものだ」という諦めが、無気力や自暴自棄に追い込みかねません。被差別当事者における内的抑圧の構図がそこに築かれていきます。

　自身の中にしまいこまれた解放への願いは、来世への希望に生きる信仰の世界にのめりこんだり、ハングリーな「実力の世界」に身をおくことのなかに救いを求めることにもなっていくのです。

　しかしもうこれ以上差別への悲憤に耐えきれなくなったとき、不幸の原因をなしていると受けとめてきた「自分自身という存在」を自らの手で消し去ってしまうという、取り返しのつかない悲劇さえ引き起こされてきたのです。「存在論」は、被差別の人びとの身も心も深く傷つけ、差別を「仕方がないこと」として諦めさせ、解放への扉をかたく閉じてきました。

3…部落問題における「存在論」

1 部落分散論

　この「存在論」という差別のとらえ方は、部落問題においてもさまざ

まな装いをこらして登場しています。しかもいまだに強い影響力を発揮しているのです。

そのひとつが「部落分散論」と呼ばれているものです。これは「部落に人がかたまって住んでいるから差別をされるのだ」というもので、部落の存在、部落住民の存在が差別の原因であるというとらえ方です。その結果、このとらえ方から出てくる部落問題解決の方法は、「部落や同和地区住民の存在をなくする」ということになります。

しかし、部落とされてきた土地は地球の一部分ですから、これを消滅させるということなどできません。またさすがに、部落住民を抹殺せよとも言えません。そこで結局、そこに住居している人びとが転居して分散すればよいという結論になってくるのです。つまり、「部落の人びとがバラバラあちこちに引っ越しをして分散して住めばよい。そして、部落の人びとがいなくなった同和地区を更地にして、市民運動広場や駐車場あるいは大型商業施設を誘致するなどして、人の住まないエリアにすればいい。そうすれば、出生地が部落であるとか、部落住民とかいう人がいなくなり、部落差別はやがて解消されていく」という考え方です。部落差別の原因を「部落」の存在にとらえた典型的な「存在論」です。

無防備に接すると、この考え方は「あっ、それはいいかもしれない。そうすれば部落差別は解消されていくのではないだろうか」とつい賛同してしまうかもしれません。皆さんは、この考え方をどのように思われるでしょうか。

図9は、「2005年大阪府民意識調査」において、「同和地区出身者に対する差別をなくすために、次にあげる意見はどの程度重要だと思いますか」との質問において、「同和地区の人びとが、かたまって住まないで、分散して住むようにする」という意見への結果を年齢階層別に示したものです。全体の15.5％の人が「非常に重要」だとしており、「やや重要」の27.8％を加えると、この考え方に賛同している人が43.3％にのぼっています。これは「重要でない」と「あまり重要ではない」とした人の合計である24.4％を20ポイント近くも上回っているのです。またこうした

考え方は、20歳代、30歳代の若い世代においても4割以上の支持を得ており、世代間の違いを見ることはできません。

「部落分散論」の誤りは明らかです。それは部落の人びとに移住を強制するもので、いかなる理由があろうとも認められるものではない重大な人権侵害の行為だからです。立場を変えて、もしも自分が「故郷を捨てよ。ここから立ち去れ」などと行政から申し渡されたらどんなふうに感じるのかを想像すれば、この意見がいかにひどいものであるのかがたちどころにわかります。

住民を故郷から引き剥がすという強制移住論がまことしやかに登場するとき、それがいかにひどい人権侵害へとつながっていったかは歴史を振り返れば明らかです。例えば、ヒトラーのおこなった「ユダヤ人狩り」です。ドイツのさまざまな社会問題の原因はユダヤ人の存在にあると主

図9　「部落分散論」についての評価　〔2005年大阪府民意識調査〕

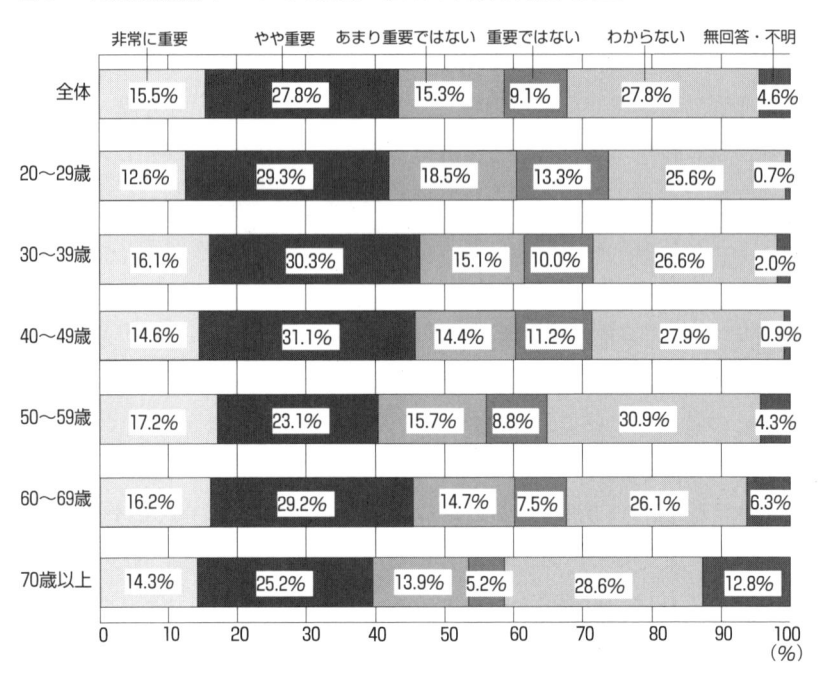

年代	非常に重要	やや重要	あまり重要ではない	重要ではない	わからない	無回答・不明
全体	15.5%	27.8%	15.3%	9.1%	27.8%	4.6%
20～29歳	12.6%	29.3%	18.5%	13.3%	25.6%	0.7%
30～39歳	16.1%	30.3%	15.1%	10.0%	26.6%	2.0%
40～49歳	14.6%	31.1%	14.4%	11.2%	27.9%	0.9%
50～59歳	17.2%	23.1%	15.7%	8.8%	30.9%	4.3%
60～69歳	16.2%	29.2%	14.7%	7.5%	26.1%	6.3%
70歳以上	14.3%	25.2%	13.9%	5.2%	28.6%	12.8%

張したヒトラーは、ユダヤ人さえいなければこの世の中はうまくいくと煽動し、ユダヤ人たちを摘発して「ゲットー」に閉じ込めたのです。さらにはアウシュヴィッツをはじめとする強制収容所に隔離し、最後は絶滅行為さえ犯しました。

　市民の強制移住という人権侵害は、日本社会においてもつい最近まで実施されていました。それが、ハンセン病の患者だと判断された人びとに対する終生絶対隔離政策です。これらの人びとをあぶりだし、ふるさとから追放し、人里離れた療養所に閉じ込め、子孫を残すことさえ許さなかった蛮行は知られているとおりです。こうした政策を支える法律が、1996年まであったのです。

　ナチスのユダヤ人迫害と日本におけるハンセン病患者への差別政策は、これら人びとを故郷から強制的に立ち退かせて特定の場所に集めるというものでした。これに対して「部落分散論」は、部落住民を故郷から立ち退かせて分散させるというもので、「集中」に対して「分散」という逆の方向を示すものです。しかし、強制移住の本質は「存在論」として同じものです。そんな非道なことが、「部落分散論」として今なお幅をきかせています。

2　未指定地区問題

　部落問題に現れてくる「存在論」の二つ目は、「部落であることをわからないようにする」という意見です。部落の存在を消し去ることはできません。それなら、部落があったとしても、そこが部落であることをわからないようにすれば、差別を受けないようになるはずであるという考え方です。たしかに、部落といっても他と同じ集落であり、ことさら境界線が引かれているわけではありません。それならここが部落であることを「わからないようにしよう」ということになるのです。

　こうした差別のとらえ方が典型的に現れているのが、いわゆる未指定地区問題です。1969年の同和対策事業特別措置法の制定以来実施されてきた同和対策事業は、部落や部落出身者に対する特別対策事業としてあ

りました。当然、こうした事業を執行するためには、事業対象地域である部落を行政は認知する必要があります。これが「同和対策事業対象地域」としての「地区指定」と呼ばれているものです。ところが、全国にはこの同和対策事業を受けようとしなかった部落があるのです。またそのことを黙認してきた行政があったのです。それが「未指定地区」と呼ばれている部落で、全国で1,000カ所以上もあったといわれています。

　なぜこれらの部落では、同和対策事業対象地域としての地区指定を受けなかったのでしょうか。なぜ、行政は「未指定」の状態を放置してきたのでしょうか。それは、同和対策事業の対象地域として地区指定を受けてしまえば、社会的に、「ここは部落ですよ」ということを明らかにすることになってしまうからです。経済的な援助はありがたいが、部落であることがばれてしまえば、部落差別から逃れなくなるのではないかと判断したからだと考えられます。そしてその判断を支えているのが、ここでの「わからないようにすれば差別から解放される」という差別のとらえ方なのです。

　一部の行政はこれに便乗して、十分に行政責任を果たさないまま今日にいたっているところもあります。こんな形で「存在論」が同和行政のなかに登場しているのです。

3　丑松思想と宿命論

　部落であることをわからないようにすれば差別から逃れられるという、「存在論」が導き出したこの論理は、部落出身者一人ひとりの生き方にも影響を与えてきました。例えば、同和対策事業が実施されてきた部落にあっても、わざわざ事業を受けることを拒否し続けてきた人たちの存在です。その理由は「未指定地区」問題とまったく同じで、同和対策事業を受けてしまえば、自分は部落出身者であることを社会的に認めたことになってしまい、差別の対象とされるのではないかということへの心配です。

　このように、「部落出身であることをわからないようにすれば、部落

差別から解放される」という考え方が被差別当事者の心を少なからずとらまえてきました。この考え方は「丑松思想」といわれています。「丑松」とは、島崎藤村の小説『破戒』に登場する主人公、瀬川丑松の名前から取ったものです。長野県の被差別部落に生まれ育った丑松は父親から、「生い立ちと身分を隠して生きよ」と戒めを受けます。丑松はその戒めを守り続け、やがて小学校の教員になります。しかし心ひそかに尊敬していた部落解放運動家の死や周囲の噂のなかで、ついに自分が部落出身であることを告白し、父の戒めを破ってしまいます。戒めを破ったことから小説の題名が『破戒』となっているのですが、丑松青年のように、自分の出身を隠して生きていく部落出身者の生きざまを「丑松思想」と呼ぶようになりました。

　しかし、いくら当事者が部落出身であることを隠そうとしても、差別の現実はこれを暴いていくことがあります。小説『破戒』はまさにその例であり、現在でも身元調査の横行などが、そうした現実をつくり出しています。いくら隠してもなかなか部落出身であることを隠し通せない現実があることへの絶望は、差別を受けることは部落に生まれた者の避けがたい宿命であるかのように思わせてしまうのです。これが、部落差別のとらえ方における「宿命論」です。

　「丑松思想」も「宿命論」も、「存在論」が部落出身者自身の生き方へと反映された姿です。「差別から逃げている」「差別に負けた生き方である」などとの批判があることは事実です。同時にそれは、なんとかして差別から解放されたいという切実な願いからのほとばしりであるともいえるのです。

　隠し続けて生きていくことの苦しさに心を馳せるとき、「わからないようにすれば差別から解放される」というこの差別のとらえ方が、いかに罪深いものであるのかを知らされます。

4 「寝た子を起こすな論」

　部落問題に登場する「存在論」のなかで、実際の「取り組み」に最も

影響力を持っていると思われるのは「寝た子を起こすな論」と呼ばれているとらえ方です。それは、「生まれたばかりの赤ちゃんは世の中に部落差別があることなど知っているはずはないし、当然、差別意識などもない。だから知らないままに大きくなっていけばいいのである。そしてその人の子どももまた知らないままに育っていって、そんなふうに2世代、3世代と積み重なっていけば、部落差別など知らない人ばかりになっていき、この問題はやがて自然に解決していく」という意見です。「にもかかわらず、学校や行政は、同和教育や人権啓発を展開して『部落差別の現実はこうだ』『部落問題の歴史はこうだ』などと教えている。そういうことをするから、かえって差別を残すのであり、知らずにスヤスヤ眠っている子どもを起こすような取り組みはやめたほうがいい。それが部落問題解決への道である」というとらえ方です。

　おわかりのとおり、ここで部落差別の原因として取り上げられている「存在」は、「部落分散論」における「部落」や、「丑松思想」「宿命論」における「部落出身者」といった被差別の側の「物理的な存在」ではありません。そうではなくて、「世の中には、部落差別という差別問題があるのだ」という「認識の存在」です。これが差別再生産の原因だというのです。

　正直なところ、「なるほど、これは一理ある意見だ。たしかに教えなければ差別は広がらない。知らない子どもに部落問題学習をするのは、たしかにおかしいなあ」と感じられた方も多いのではないでしょうか。

　図10は、「2005年大阪府民意識調査」における「寝た子を起こすな論」に府民の支持状況を尋ねた結果です。調査では、「同和地区出身者に対する差別をなくすために、次にあげる意見はどの程度重要だと思いますか」との質問において、「同和地区のことや差別があることを口に出さないで、そっとしておけば自然に差別はなくなる」という形でそれを調べています。

　それによると、全体の15.6％の人が「非常に重要」だとしており、「やや重要」の19.8％を加えると、この考え方に賛同している人が35.4％

図10 「寝た子を起こすな論」についての評価 〔2005年大阪府民意識調査〕

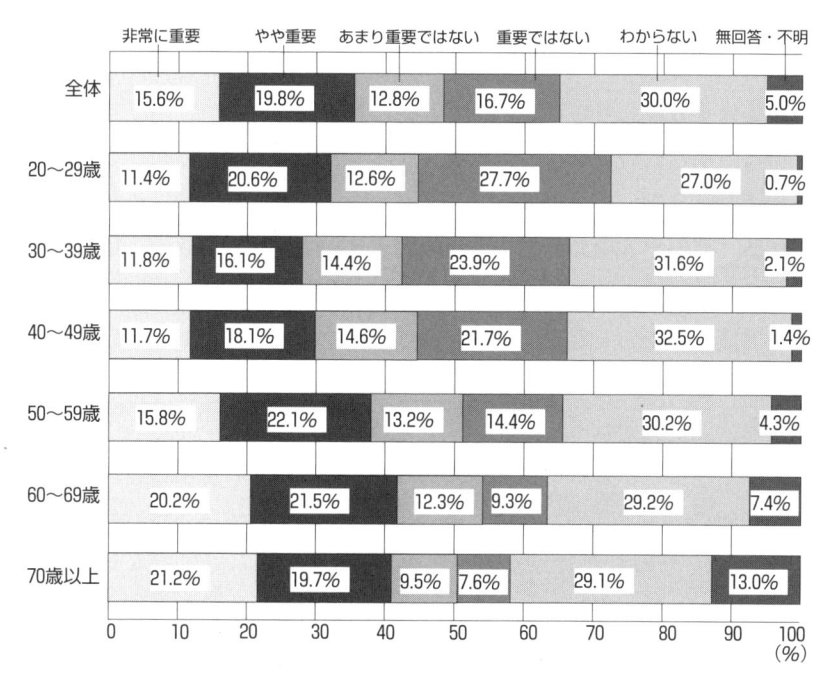

	非常に重要	やや重要	あまり重要ではない	重要ではない	わからない	無回答・不明
全体	15.6%	19.8%	12.8%	16.7%	30.0%	5.0%
20〜29歳	11.4%	20.6%	12.6%	27.7%	27.0%	0.7%
30〜39歳	11.8%	16.1%	14.4%	23.9%	31.6%	2.1%
40〜49歳	11.7%	18.1%	14.6%	21.7%	32.5%	1.4%
50〜59歳	15.8%	22.1%	13.2%	14.4%	30.2%	4.3%
60〜69歳	20.2%	21.5%	12.3%	9.3%	29.2%	7.4%
70歳以上	21.2%	19.7%	9.5%	7.6%	29.1%	13.0%

にのぼっています。これは「重要でない」と「あまり重要ではない」とした人の合計である29.5%をよりも大きな割合を占めており、「わからない」や「無回答・不明」を除くと、半数以上の人がこの考え方を支持していることがわかります。年齢階層別に見ると、40歳代以下においてやや支持する割合が減っているものの、それでも30%前後の高い率でこの考え方は肯定されています。

5 「寝た子を起こすな論」の間違い

「寝た子を起こすな論」は間違っています。たとえそれが多くの人に支持されていたり、また善意からなされたものであったとしても、それは間違っているといわねばなりません。

その第一の理由は、歴史的事実がこの考え方を否定していることです。1871年（明治4）江戸時代の賤民身分制度の廃止をうたった「解放令」

により「差別の制度」はなくなりました。しかしこれによって「差別」が自動的になくなったわけではありません。むしろ、明治の新しい社会の仕組みのなかで、近世の差別が「近代の部落問題」に再編され、差別の現実はより厳しくなっていったといわれています。

では、明治政府はこうした状況に対してどのような取り組みを展開したのでしょうか。一言で言えば「何もしなかった」のです。それは地方自治体においても同じです。同和教育が学校で展開されることはありませんでした。市民啓発をはじめとする同和行政もありません。もちろん、続々と誕生していった民間企業が、部落問題をテーマに社内研修をすることもなかったのです。まさに国を挙げて「寝た子を起こすな論」が実践され、この問題はそっと静かに放置され続けたのです。

こうしたことによって、部落差別はいつとはなしに解消の方向に進んでいったのでしょうか。事実は逆でした。部落に対する差別はむしろ厳しさを増したのです。だからこそ、「解放令」から51年を経た1922年（大正11）に、部落の人びとは自らの立場を社会にさらけ出してでも立ち上がり、全国水平社を結成して部落解放運動を開始したのです。何もせず放っておくだけでは部落問題は解決しないどころか、むしろ厳しくなっていったからです。

この考え方が間違っていることを示す事実は、最近の調査からも示されています。例えば結婚差別問題の変化です。1993年におこなわれた国の調査では、「部落内外の結婚」の割合は36.6%となっており、しかも35歳未満においては60%を超えています。かつて「同対審」答申は、結婚差別問題を「部落差別の最後の越えがたい壁」と表現し、部落内外の結婚が極めて限られていることを指摘しました。その現実が変化し、年を追うごとに部落内外の結婚が増加しているのです。もちろん差別による破談や結婚における被差別体験も後を絶っておらず、単純にこの数字だけをもって差別解消の証しであると一面的に評価することは危険です。しかし、多くの当事者の努力も含めて、この間の「取り組み」が「最後の越えがたい壁」を着実に切り崩しつつあることは確かです。「取り組

み」が差別を温存助長するのであれば、むしろ事態は悪化していなければならないのです。

「寝た子を起こすな論」が「机上の空論」であることは、次の事実からもわかります。図11は、「2005年大阪府民意識調査」において、「あなたは、日本の社会に、同和問題や部落問題などと呼ばれている差別の問題があることを知っていますか」との問いにおいて「知っている」と回答した人（93.2%）に、そのことをはじめて知った認知経路を尋ねた結果です。これを見ると、「学校の授業で教わった」「講演会、研修会などで聞いた」「府県、市町村の広報誌で読んだ」「テレビ、映画、新聞、雑誌、書籍などで知った」という、公の取り組みを通じて部落問題を知ったという人の割合は合計31.2%となっています。これに対して、「父母や家族から聞いた」「近所の人から聞いた」「学校の友達から聞いた」「職場の人から聞いた」「近くに『同和地区』があった」という、私的な生活の中で部落問題を知ったという人の割合は33.2%で、両者は拮抗している様子が示されています。

つまり「寝た子」は起こされているのです。「寝た子を起こすな論」

図11　部落問題をはじめて知ったきっかけ〔2005年大阪府民意識調査〕

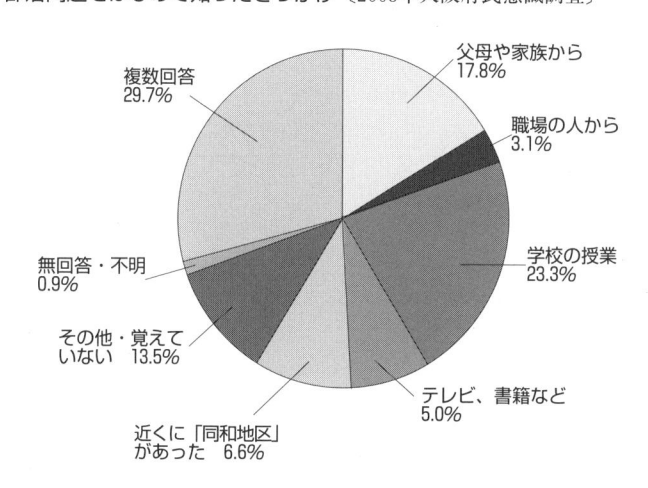

- 複数回答　29.7%
- 父母や家族から　17.8%
- 職場の人から　3.1%
- 学校の授業　23.3%
- テレビ、書籍など　5.0%
- 近くに「同和地区」があった　6.6%
- その他・覚えていない　13.5%
- 無回答・不明　0.9%

がいうように、完全に部落問題に関する情報をシャットアウトすることは不可能です。部落差別が社会に存在する以上、私たちは親や親戚、あるいは近所や職場などにおいて、部落問題に関する情報を与えられていることを調査の結果は教えています。私たちのさまざまな認識は、何も学校や行政の取り組みから得られたものだけで成り立っているわけではありません。むしろ、毎日の生活の中で、さまざまな人とふれあうことを通じて獲得していったもののほうが多いといえるでしょう。部落問題においてもそれは同じなのです。

しかも現実に差別が残されている社会においては、こうして得られた情報の多くに、間違った知識や偏見が込められている場合が珍しくないのです。この事実はこれまでの差別事件の分析からも明らかにされています。こんなふうにして部落に対する差別が社会に漂い、世代を超えて移り広がってきたのです。

こうした現実のもとでのこの主張は、結局は、学校教育や市民啓発など「公の取り組み」による「正しい情報の伝達」を止めるだけのことを意味することになるのです。客観的には、間違った情報だけがさらに広がっていくことを助けてしまうことになるのです。それが明治からの歴史の教訓でもあるのです。その意味で「寝た子を起こすな論」は、単に間違っているというだけではなく、むしろ差別を温存助長する役割さえ担っているといえるでしょう。

もうひとつ、「部落差別があるということを知らせるな」という考え方の重大な問題点を指摘しておきたいと思います。それは、この考え方は、部落の人びとに「黙って差別に耐えよ」と主張し、結果として差別に対する泣き寝入りを部落の人びとに強要するものになってしまっていることです。「差別に対する抗議」や「解放への願い」を広く社会に訴えることは、部落差別の現実を人びとに知らせることになるのであり、「寝た子を起こすな論」はそれさえ否定するものとなるからです。

「存在論」はなおその生命力を持ち続けています。「部落分散論」にせ

よ「寝た子を起こすな論」にせよ、これらのすべてがけっして、部落差別を助長してやろうといった差別的立場からなされているものではないと思われます。むしろ、部落差別を解決しようという思いから発せられる「差別のとらえ方」であるといえるでしょう。だからこそ、手ごわいのです。「地獄への道は善意で敷き詰められている」という言葉がありますが、主観的な思い込みとは裏腹に、こうした考え方が結果として部落問題の真の解決を遠ざけてきたのです。その巧妙な現れ方に対する警戒が今日なお求められています。

第5章
状態論
差別のとらえ方・その2

1…「状態論」という差別のとらえ方

1 「状態論」の論理

　部落差別のとらえ方として2番目に取り上げるのは「状態論」です。部落差別のとらえ方において、この間最も影響力を発揮してきたのはこの「状態論」であるといっても過言ではありません。それを一言で説明すると次のように表現されます。

> 被差別の存在そのものではなく、「存在のある特定の状態」に差別の原因を求める考え方。

　さきに取り上げてきた「存在論」との比較でいえば、それは次のようになります。
　「存在論」は、部落の存在が差別の原因であるととらえました。そこから出てくるのが「部落分散論」でした。これに対して「状態論」は反論します。「部落に人びとがかたまって住んでいてよいではないか。人は皆、それぞれの地域においてかたまって住んでいる。なぜ部落だけがバラバラにならなければいけないのか」と。そしてこのように述べるのです。「差別の原因は部落に人びとがかたまって住んでいることではない。問題は、その住んでいる部落の状態があまりにもひどいことにある

のだ。住環境はもとより、仕事や教育の実態もじつに厳しい状況におかれている。そんな劣悪な部落の状態を目の当たりにすれば、市民が差別意識を持ち、差別的態度をとるのは押さえがたいことではないか」と。そしてそこから導かれる「部落差別の原因」は、「『部落の存在』そのものにあるのではなくて、まさにこうした『部落の状態』にある」とするものです。

市民の差別意識に関しても「状態論」は反論します。「存在論」は、「世の中に部落問題があるという認識の存在が差別を再生産させている。だから教えないでそっとしておいたほうがよい」という「寝た子を起こすな論」を展開しました。これに対して「状態論」は次のように主張します。「部落差別についての認識を市民が持っていてよいではないか。世の中に部落差別があるかぎり、それを知ってしまうことは当たり前のことであり、知ることを完全に防ぐなんてことはできるはずがない」と。そのうえに立って「状態論」は次のようにとらえるのです。「問題は、部落差別について知っているか知らないかではなく、その知っている中身なのだ。つまり、認識の状態がどのようなものであるのかということにこそ差別が再生産されていく原因がある。多くの人びとは今なお無知と偏見に支配されている。部落差別の原因は、部落問題に関する『認識の存在』にあるのではなくて、こうした『認識の状態』にこそある」と。

「状態論」は、「被差別の存在そのものではなく、『存在のある特定の状態』に差別の原因を求める」とらえ方として論陣を張りました。

2 「状態論」と「同対審」答申

「状態論」という部落差別のとらえ方が、部落問題認識における主流の座を占める契機となったのが1965年に出された内閣同和対策審議会答申（以下、「同対審」答申または答申という）です。答申はまず「第一部　同和問題の認識」において、「最近この集団的居住地域から離脱して一般地区に混在するものも多くなってきているが、それらの人々もまたその伝統的集落の出身なるがゆえに陰に陽に身分的差別のあつかいをうけて

いる」との事実を記して「部落分散論」が問題の真の解決とはならないことを指摘しました。また、「『寝た子をおこすな』式の考えで、同和問題はこのまま放置しておけば社会進化にともないいつとはなく解消すると主張することにも同意できない」と明言し、「存在論」に立脚した部落差別のとらえ方を一蹴しました。これは「存在論」にとって極めて大きな一撃となるものでした。

そのうえで答申は、「実態的差別とは、同和地区住民の生活実態に具現されている差別のことである。たとえば、就職・教育の機会均等が実質的に保障されず、政治に参与する権利が選挙などの機会に阻害され、一般行政諸施策がその対象から疎外されるなどの差別であり、このような劣悪な生活環境、特殊で低位の職業構成、平均値の数倍にのぼる高率の生活保護率、きわだって低い教育文化水準など同和地区の特徴として指摘される諸現象は、すべて差別の具象化であるとする見方である」と述べて、こうした部落の状態を「実態的差別」と規定しました。

また答申は、「心理的差別とは、人々の観念や意識のうちに潜在する差別であるが、それは言語や文字や行為を媒介として顕在化する。たとえば、言葉や文字で封建的身分の賤称をあらわして侮辱する差別、非合理な偏見や嫌悪の感情によって交際を拒み、婚姻を破棄するなどの行動にあらわれる差別である」と述べて、こうした市民の部落問題認識の状態を「心理的差別」と規定しました。そして、こうした「部落の状態」と市民の「部落問題認識の状態」とがお互いに働きかけあって、部落差別の現実を再生産させているのだと差別の現実を解き明かしたのです。答申はそれを次のように表現しています。

「心理的差別と実態的差別とは相互に因果関係を保ち相互に作用しあっている。すなわち、心理的差別が原因となって実態的差別をつくり、反面では実態的差別が原因となって心理的差別を助長するという具合である。そして、この相関関係が差別を再生産する悪循環をくりかえすわけである」

答申は、「部落の低位な生活実態（実態的差別）」や「部落問題認識における無知や偏見（心理的差別）」という「存在のある特定の状態」を差別の原因としました。そして両者が相互に影響しあって部落差別が再生産されているととらえ、こうした両者にかかわる「ある特定の状態の解消」を部落問題解決の戦略的な課題であると指し示したのです。

　「存在」は消すわけにはいきません。しかし「状態」は努力によって変化させることが可能です。ここにはじめて、部落問題の解決は「取り組み」との接点を見出すこととなりました。こうして「同対審」答申は、同和行政や同和教育の本格的な開始へと結びついていき、また部落解放運動の発展にも大きく寄与するものになりました。

2…「状態論」に立脚した取り組みの展開

1　格差是正という目標の設定

　「状態論」に立脚した部落問題解決への戦略は明快です。その第一は、部落の生活実態を改善することです。そして第二の戦略課題は、市民が正しい部落問題認識を獲得することです。その一つ目の戦略課題にかかわって登場したのが「格差是正論」でした。

　部落の生活実態を改善するといっても一定の目標が求められます。よい状態であればあるほどよいといった無原則なものでは説得力を持ちません。そこで合意形成されてきたのが、生活実態の改善目標を「市民平均」に設定し、部落と市民平均との格差を是正することに取り組みの目標をすえるというものでした。これが「格差是正論」です。かくして、実態的差別の把握は「格差の検証」として理解され、差別解消の目標は「格差の是正」へと読みかえられていきました。

　「格差是正論」はわかりやすい論理です。その最大の理由は、差別の実態が数字で表現され、差別解消の取り組みが数値目標化される点にあります。これにより、実態的差別の状態は表やグラフに映し出されるこ

とを可能にしました。そしてその客観性と明白性は、差別の現実に関する共通理解をつくりあげるうえで大いなる説得力を発揮し、取り組みの進み具合や取り組みによる成果や効果を実感させることにも貢献しました。

2　特別対策事業という手法の導入

ではどのようにして格差是正を達成するのか。そこで登場した手法が、部落に対する特別対策事業の導入という方式でした。すべての市民を対象にした施策展開のもとで部落差別の実態が形成されてきたのです。ですから、その格差を是正しようと思えば、低位な状態におかれている部落に対して、他とは異なった特別な対策を打たなければ実現できないのではないかということになったのです。これが同和対策事業と呼ばれる特別対策事業です。

同和対策事業の多くは、その実施主体が地方自治体です。そこで、国は必要な事業がこれら自治体において円滑に実施されるための財政支援として、3分の2国庫補助という高い補助率を設定して事業の展開を支えました。当然そのためには法律が必要です。そこで制定されたのが、1969年の同和対策事業特別措置法でした。以来2002年3月まで、この法律は名称や対象事業を変化させながらも、地方自治体における同和対策事業を財政的に支えるものとして継続されてきました。

3　対症療法的施策の展開

「格差是正」のために導入された特別対策には、対症療法的な施策が多く見られます。今日でこそ、はたしてこうした施策のあり方が最も優れたものであったのかどうかが議論されますが、そこには当時の部落がおかれていたあまりにも厳しい生活の状態が横たわっていたことを忘れてはなりません。「同対審」答申ではこうした当時の部落の姿を、例えば立地条件に関して「中には人間の住むところではないといったような地域もみられる」とか、社会福祉にかかわっては「原始社会の粗野と文

明社会の悲惨とをかねそなえた地区の実態」という表現まで用いて、その状況の過酷さを描写したのでした。

　こうした状態を改善するためには、部落住民の安定した仕事の確保が最重要であることは答申も認めていました。「同和地区住民に就職と教育の機会均等を完全に保障し、同和地区に滞溜する停滞的過剰人口を近代的な主要産業の生産過程に導入することにより生活の安定と地位の向上をはかることが、同和問題解決の中心的課題である」と述べているとおりです。

　しかし労働実態の改善には時間がかかります。当時の部落の状態は、そんな時間的余裕すら与えてくれないものであり、取り組みの即効性が求められました。頭が痛いときには鎮痛剤を、熱が出たときには解熱剤を服用し、まずはその痛みや熱を和らげる措置をとるのと同じように、症状緩和、状況改善の即効性が優先されたのです。こうした状況が、同和対策事業に対症療法的色彩を与えたといえるでしょう。

　具体的には、収入が低いという実態に対しては、さまざまな「個人給付事業」が導入されていきました。他方、低い収入でも何とかやっていけるようにするために、支出を抑える特別対策が「減免措置」として打たれていったのです。「入り」を補う給付事業と「出」を抑える減免措置、この両者が即効薬として生活実態改善における同和対策事業の骨格を形成しました。

4　正しい知識の付与と偏見批判

　市民が正しい部落問題認識を獲得することは、「状態論」が導いたもう一つの戦略課題でした。そっとしておくのではなく、多くの人びとの部落問題認識が、なお無知と偏見に支配されている状態を改めていくための目的意識的な取り組みを提起したのです。それが同和教育の推進であり市民啓発活動の展開でした。

　とりわけ、1953年に結成された全国同和教育研究協議会は「差別の現実から深く学び、生活を高め、未来を保障する教育を確立しよう」とい

うスローガンを打ち出して、同和教育推進の原動力となりました。部落解放運動もまた、差別事件に対する糾弾闘争を契機に、企業や宗教界においても部落問題を正しく認識することを提起し、企業啓発や市民啓発の取り組みを築いていきました。

しかし一方では、こうして展開されていった教育や啓発の内容が、ともすれば「知識の付与」や「偏見批判」などに重きが置かれ、「知識の注入」にとどまる傾向を抱えていたのではないかとの反省があることも事実です。たしかに、今日から見ればさまざまな不十分点を抱えていたかもしれません。しかし、「寝た子を起こすな論」という「存在論」が支配していた社会状況に真っ向から切り込み、市民の部落問題認識における「間違った状態」を何とか改めていこうとする取り組みの戦闘性がそこにあふれていることを率直に受けとめたいと思います。

5 「状態論」を支える調査活動

「状態論」が影響を与えたのは、取り組みの戦略課題や目標の設定、その実現にいたる手法や実践の内容ばかりではありません。「状態論」はその名のとおり「状態」を目的達成への指標にするものですから、常に客観的な「状態の把握」を重視することになりました。それが実態調査です。「状態論」の登場により、部落問題の取り組みにおいて、さまざまな調査が活発に展開されるようになりました。

一つは、実態的差別の状態に焦点を当てた「同和地区住民生活実態調査」です。この調査では、部落の生活の状態を把握することが目的とされ、分析においては、市民平均との格差の検証が中心的作業としておこなわれました。それによって、①部落差別の「残されている状態」を明らかにし、②改善の状況を把握するとともに、③なお引き続き「格差是正」のための特別対策事業を実施する必要性を示す、ことが調査の大きな役割として求められていったのです。

もう一つの調査は、市民に対する意識調査です。そこでは、部落差別の歴史的起源や偏見の間違いに関する理解などについてどれだけ「正解」

が認識されているのかという、正しい知識の普及状態が確かめられていきました。また、部落問題に関する学習経験が尋ねられ、取り組みの評価軸として重視されました。

　実態調査を実施していく立脚点に「状態論」という部落問題のとらえ方があり、実態調査の内容や分析のあり方にも「状態論」というとらえ方が反映されていることがわかります。

6　戦後の部落解放運動や同和行政を支えた「３領域論」と「状態論」

　戦後の部落解放運動や同和行政は、こうした「状態論」という差別のとらえ方から導かれた「取り組み」として理解することができます。そしてこの取り組みを加速させたのが、部落問題の解決は行政の責任であるという「行政責任論」であり、その責任の遂行を鋭く迫った部落解放運動による大衆的な行政闘争の展開でした。

　こうした取り組みによって、「恥ずべき社会悪を払拭して、あるべからざる差別の長き歴史の終止符が一日もすみやかに実現されるよう万全の処置」(「同対審」答申)が一つひとつ具体化され、部落差別の現実に立ち向かったのです。さきに、部落差別の現実認識における「３領域論」を取り上げましたが、この３領域にわたる差別の現実を解消すべく展開された取り組みを導いたのが「状態論」というとらえ方であったのです。

　その意味で、「３領域論」と「状態論」は表裏一体を成すものであり、

図３　３領域論と取り組みの組み立て（再掲）

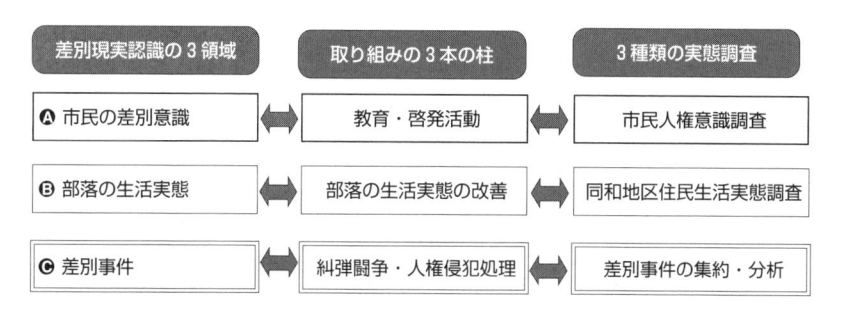

差別現実認識の３領域	取り組みの３本の柱	３種類の実態調査
Ⓐ 市民の差別意識	⇔ 教育・啓発活動 ⇔	市民人権意識調査
Ⓑ 部落の生活実態	⇔ 部落の生活実態の改善 ⇔	同和地区住民生活実態調査
Ⓒ 差別事件	⇔ 糾弾闘争・人権侵犯処理 ⇔	差別事件の集約・分析

戦後の部落解放運動や同和行政を支えてきた部落問題認識の骨格であったといえるでしょう。「3領域論」で取り上げた図3を改めて眺めていると、「取り組みの3本柱」および「3種類の実態調査」のそれぞれにおいて、「状態論」という差別のとらえ方が照応していることがわかります。そして「取り組みの3本柱」や「3種類の実態調査」に、「状態論」という差別のとらえ方が深くかかわってその内容を創りあげていったのです。

3…「状態論」に立脚した取り組みの成果

1 部落の生活実態の改善

　「状態論」に立脚したこの間の取り組みは、部落の生活実態を大きく改善しました。その検証は本書の目的ではありませんが、その一端を紹介して、取り組みの成果を確認しておきたいと思います。取り上げるのは、住環境の改善と学歴構造の改善という二つの課題です。

住環境の改善

　この間の取り組みの最も顕著な成果は、部落の住環境の改善であるといえるでしょう。1971年に実施された国の「全国同和地区調査」では、部落の不良住宅率は31.8%でした。同じ時期の全国のそれが2.9%であり、じつに11倍という高いものでした。
　こうしたなかで1960年から住宅地区改良事業が、また1961年からは同和向け公営住宅建設事業が開始され、住宅の建設が推進されました。その結果、1960年から1988年までの間に、公営住宅60,378戸、改良住宅40,562戸、小集落地区改良住宅21,311戸の合計122,260戸の住宅建設が実現しました。また新築資金貸し付けや改修資金、宅地取得資金の活用も、1992年の見込みで延べ206,206件にのぼっています。
　さらに、道路や上下水道の整備、公園や墓地の整備、共同浴場や保育

所の建設が進められました。地区内の公共施設も整備され、1992年までに隣保館は1,082館、集会所は1,734館を数えています。部落の姿が大きく変貌していったことがわかります。

学歴構造の改善

図12は、「2000年大阪府部落問題調査」における、同和地区住民の年齢階層別学歴構成を示しています。注目したいのは同和地区住民の学歴構成において、「50～54歳」を境に、①「不就学」がほぼ解消し、②

図12　大阪の部落の年齢階層別学歴構成〔2000年大阪府部落問題調査〕

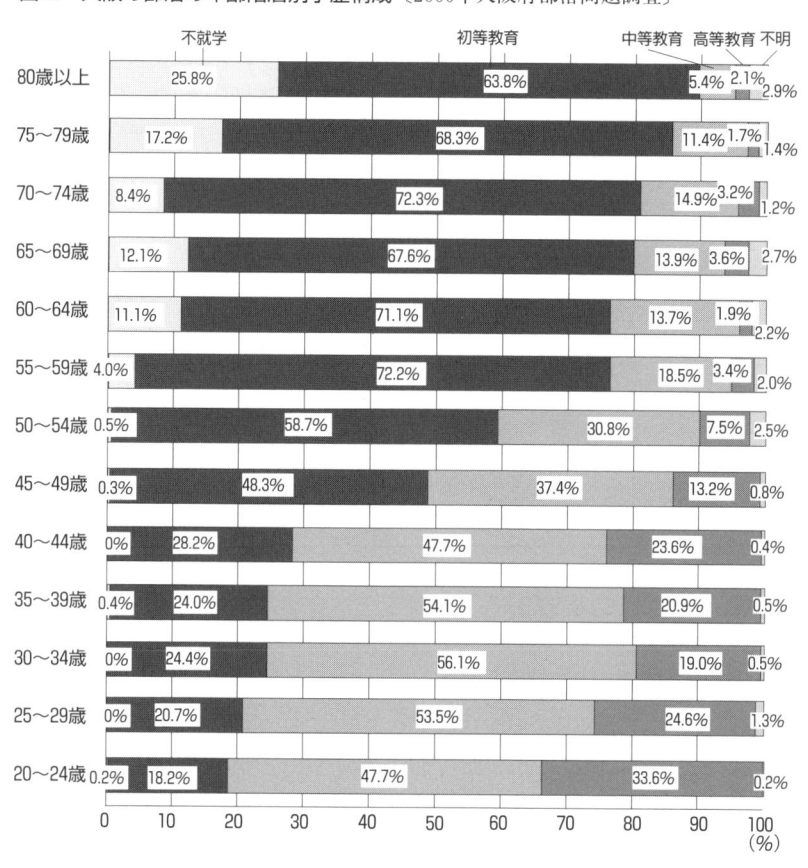

年齢	不就学	初等教育	中等教育	高等教育	不明
80歳以上	25.8%	63.8%	5.4%	2.1%	2.9%
75～79歳	17.2%	68.3%	11.4%	1.7%	1.4%
70～74歳	8.4%	72.3%	14.9%	3.2%	1.2%
65～69歳	12.1%	67.6%	13.9%	3.6%	2.7%
60～64歳	11.1%	71.1%	13.7%	1.9%	2.2%
55～59歳	4.0%	72.2%	18.5%	3.4%	2.0%
50～54歳	0.5%	58.7%	30.8%	7.5%	2.5%
45～49歳	0.3%	48.3%	37.4%	13.2%	0.8%
40～44歳	0%	28.2%	47.7%	23.6%	0.4%
35～39歳	0.4%	24.0%	54.1%	20.9%	0.5%
30～34歳	0%	24.4%	56.1%	19.0%	0.5%
25～29歳	0%	20.7%	53.5%	24.6%	1.3%
20～24歳	0.2%	18.2%	47.7%	33.6%	0.2%

「中等教育（高校卒業）」の比率が急上昇していることです。この年齢域の上限をなす54歳の人は1953年に小学校に入学し、1961年に中学3年生を迎えています。また下限の50歳の人は1957年に小学校に入学し、1965年に中学3年生を迎えた人たちです。

戦後同和教育運動の草創期にあたる1950年代の最大の課題は、部落の子どもたちの長欠・不就学問題の解消でした。「今日も机にあの子がいない」現実に対して、この実態は差別であると見抜いていった同和教育運動は、差別の現実に圧倒されながらも保護者ととことん話し込んでいく「靴底を減らす実践」を展開していきました。「50〜54歳」の人びとが学齢期を迎えたのがこの時期であり、こうした実践がようやく不就学問題を大きく改善させていったことが調査の結果に示されています。

しかしこれによって、不就学問題の背景の一つとしてあった経済的困難の課題が解決されたわけではありませんでした。教育費の問題が避けては通れない課題として立ちはだかっていたのです。この壁を打ち破っていったのが奨学金獲得の取り組みでした。大阪市ではすでに1956年に「なにわ育英費（同和対策高校奨学金）」が制度化されていました。その後、大阪府内市町ごとの同和対策奨学金制度は、1966年度に大阪府の同和対策高校奨学金制度として整備され、1969年の同和対策事業特別措置法による奨学金制度へとつながっていくのです。大阪におけるこうした特別対策制度の第1期生が「50〜54歳」（2000年時点）の世代でした。その効果は絶大で、それ以前の世代が10％台にとどまっていた「中等教育（高校卒業）」の比率が一挙に30％台へ飛躍したことを調査結果は示しています。同和対策事業としての奨学金制度が、部落の教育実態を大きく改善するのに寄与した様子を確認することができます。

2 市民の部落問題認識の改善

「状態論」に立脚したこの間の取り組みは、市民の部落問題認識においても大きな成果を見せています。ここでは、同和問題学習の経験の広がりと、結婚における部落出身者への忌避意識の問題を取り上げます。

同和問題学習の広がり

　図13は、三重県、大阪府、鳥取県で実施された市民を対象にした意識調査の結果で「同和問題の学習経験がない」人の割合を年齢階層別に示しています。いずれにおいて、年齢階層が若くなるほど「学習経験がない」という人の割合は減っており、同和問題学習の取り組みが着実に広がっている様子が示されています。とりわけ20歳代では「学習経験がない」という人の割合は三重県で10.3％、大阪府で6.6％、鳥取県では3.2％にまで減っており、その浸透度が明確に示されています。

結婚における部落出身者への忌避意識の改善

　図14は、「2005年大阪府民意識調査」において、「あなた御自身の結婚相手を考える際、相手の人柄や性格以外で、気になること（気になったこと）についてお聞きします」という質問に、「相手が同和地区出身者かどうか」という項目を選択した人を年齢階層別に示したものです。

　全体が20.2％となっており、5人に1人がまだ結婚に際して部落出身者を排除しているという厳しい実態が示されています。しかし、年齢階層別に見ると、20歳代や30歳代では13.4％と低くて、全体としても年齢階層が若いほどその比率は下がってきています。まだまだ不十分ですが、改善の歩みが積み重ねられている状況がうかがえます。

4 「状態論」の限界

1 仮説の破綻

「実態的差別と心理的差別の相互因果関係論」の再考

　「状態論」という差別のとらえ方に支えられた取り組みは大きな成果を築いてきました。ではそれによって、部落問題は解決したのでしょうか。あるいは解決への確かな展望が開かれているのでしょうか。残念ながら、そのどちらの問いに対しても答えは「否」と言わなければなりま

図13　年齢階層別の同和問題学習の経験がない人の割合

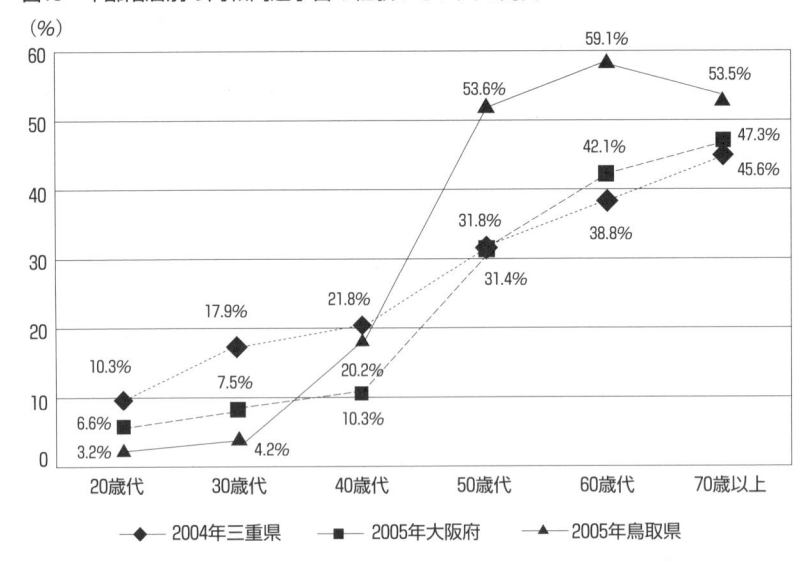

	20歳代	30歳代	40歳代	50歳代	60歳代	70歳以上
2004年三重県	10.3%	17.9%	21.8%	31.8%	38.8%	45.6%
2005年大阪府	6.6%	7.5%	10.3%	31.4%	42.1%	47.3%
2005年鳥取県	3.2%	4.2%	20.2%	53.6%	59.1%	53.5%

注1）「2004年三重県」は、「人権問題に関する三重県民意識調査」。回答は「学校・職場での同和問題学習の経験」。

注2）「2005年大阪府」は、「人権問題に関する府民意識調査」。回答は「学校・職場での同和問題学習の経験」。

注3）「2005年鳥取県」は、「同和問題に関する県民意識調査」。回答は「学校での同和問題学習の経験」。

図14　年齢階層別に見た結婚相手が同和地区出身者かどうか気になる人の割合
〔2005年大阪府民意識調査〕

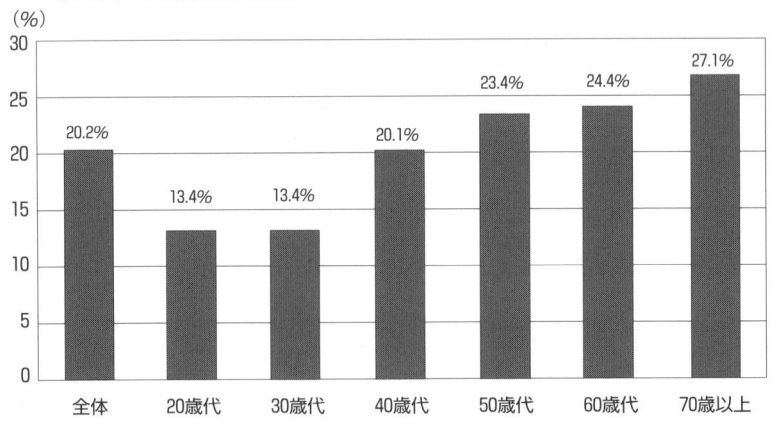

全体	20歳代	30歳代	40歳代	50歳代	60歳代	70歳以上
20.2%	13.4%	13.4%	20.1%	23.4%	24.4%	27.1%

せん。差別の現実は「改善」されてきましたが、「解決」されてはいません。そこに「状態論」という差別のとらえ方の限界が浮かび上がってきます。

　「状態論」の限界のなかでも最もショックを感じるのは、「実態的差別」の改善ほどには「心理的差別」の改善は進まなかったという事実です。さきにも取り上げましたが、「状態論」の象徴的なものとしてある「同対審」答申では明確にこう述べていたのです。

　「心理的差別と実態的差別とは相互に因果関係を保ち相互に作用しあっている。すなわち、心理的差別が原因となって実態的差別をつくり、反面では実態的差別が原因となって心理的差別を助長するという具合である。そして、この相関関係が差別を再生産する悪循環をくりかえすわけである」と。だとすれば、めざましく改善されていった「実態的差別」の変化に比例して、「心理的差別」の実態も大きく解消されていなければなりません。ところが意識調査の結果は、多くのデータにおいて、必ずしもそうはなっていない状況を示しているのです。

　例えば、なかなか払拭されないのが部落に対するマイナスイメージです。

　図15は、「2005年大阪府民意識調査」において、同和地区に対するイメージを尋ねた結果です。質問は、「あなたは同和地区（被差別部落）という言葉を聞いたとき、どのような感じをもちますか」というもので、「Ａ．上品な―Ｂ．下品な」「Ａ．やさしい―Ｂ．こわい」「Ａ．清潔な―Ｂ．不潔な」「Ａ．進んでいる―Ｂ．遅れている」「Ａ．豊かな―Ｂ．貧しい」「Ａ．働きもの―Ｂ．なまけもの」というそれぞれのカテゴリーにおいて、「非常にＡに近い」「ややＡに近い」「どちらともいえない」「ややＢに近い」「非常にＢに近い」の五つの評価から選択するものです。

　そこで、ポジティブなイメージである「非常にＡに近い」に5.0点、「ややＡに近い」に4.0点、「どちらともいえない」に3.0点、「ややＢに近い」に2.0点、「非常にＢに近い」に1.0点という点数を与えて、その平均値を示したものです。なお経年変化をみるために、同じ質問が、1995年、

2000年に実施された「府民人権意識調査」においても用いられているため、その数値も合わせて表記しています。

最も新しい2005年の結果を見ると、すべての項目で中間点である3.0点を割り込み、部落に対するマイナスイメージが強く働いていることがわかります。本来、こうした質問においては、「どちらともいえない」の3.0点に限りなく収束されなければなりません。ですから、0.1ポイント「A」か「B」に寄っているだけで、それは大きな不均衡と見る必要があるのです。

そのことは例えば、質問における「同和地区（被差別部落）」のところを「北海道」という地域名に置き換えて考えてみるとわかりやすいでしょう。「あなたは北海道という言葉を聞いたとき、どのような感じをもちますか」という質問で、「非常に上品な」と感じる人がいるもかもしれませんし、また逆に「非常に下品な」と感じる人がいるかもしれません。世の中にはいろいろな考え方や感じ方の人がいるからです。しか

図15　同和地区に対するイメージ　〔2005年大阪府民意識調査〕

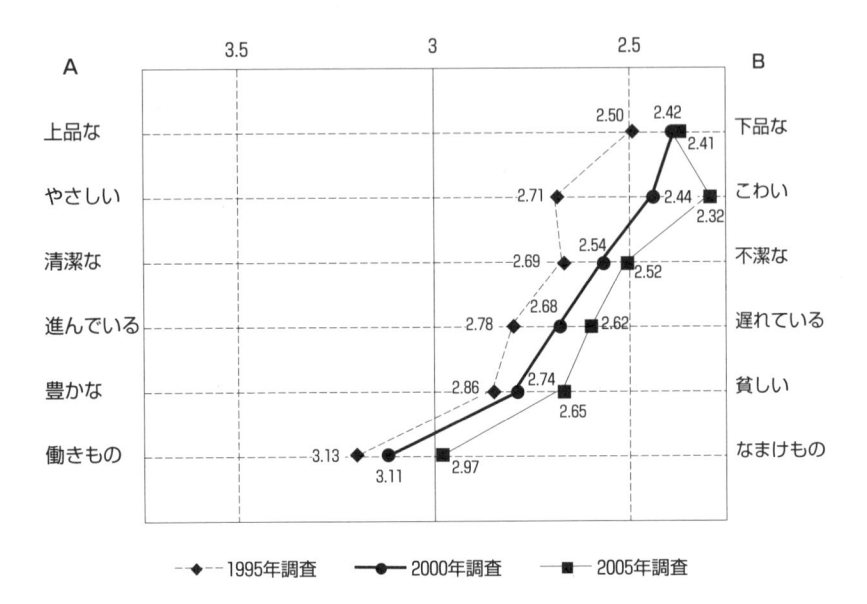

しほとんどの場合は、「北海道といっただけでは上品も下品も判断できるはずがない」ということになるはずです。その結果、異なる意見は互いに相殺されて、「どちらともいえない」の3.0点に収斂されていくのです。

ところが示された対象に何らかの先入観や偏見が働くと、選択結果は「Ａ」のほうに傾いたり、「Ｂ」のほうに傾いたりします。ここでは「同和地区（被差別部落）」というものに対する日頃のイメージが反映されるのです。その結果、強いマイナスイメージが人びとの間に漂っている「心理的差別」の現実が浮かび上がっているのです。

「実態的差別」が大きく改善されてきたにもかかわらず、どうしてこうしたマイナスイメージが強く存在し続けているのでしょうか。しかも過去の調査結果を比べると、改善の傾向が見られないばかりか、むしろ悪化しているのではないかと懸念されるような状態になっているのです。

土地に対する忌避意識

「実態的差別と心理的差別の相互因果関係論」では説明がつかない例として、もう一つ取り上げておきたいデータがあります。それは部落の土地に対する忌避意識です。部落の住環境の改善は、これまでの取り組のなかでもひときわ大きな成果を実現した分野であるといえるでしょう。にもかかわらず、部落の土地に対する忌避意識は相変わらず厳しいままです。

図5は、第3章で取り上げた「2005年大阪府民意識調査」結果の再掲です。「もし、あなたが、家を購入したり、マンションを借りたりするなど住宅を選ぶ際に、同和地区や同じ小学校にある物件は避けることがあると思いますか」という質問において、同和地区だけでなく同じ小学校区でさえも避けるとした人が27.2％に達しており、同和地区の物件の場合のみ避けるとした人が16.2％となっています。両方を合わせると、「同和地区を避ける」とした人の合計は43.4％にもなっています。

図16は、「2004年三重県民意識調査」の結果です。質問は、「もし、あ

図5　同和地区に対する忌避意識（再掲）
〔2005年大阪府民意識調査〕

- 無回答・不明 3.7%
- わからない 32.1%
- 同和地区や同じ小学校にある物件は避けると思う 27.2%
- いずれにあってもこだわらない 20.8%
- 同和地区にある物件は避けるが、同じ小学校は避けないと思う 16.2%

図16　同和地区周辺への忌避意識
〔2004年三重県民意識調査〕

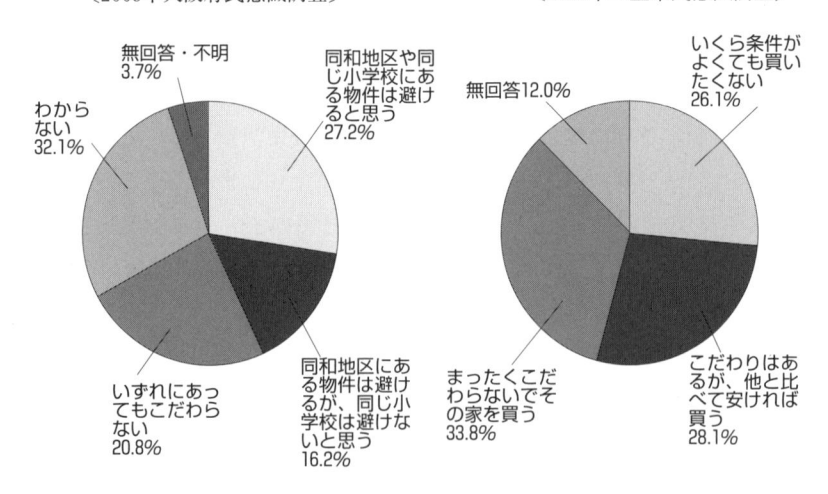

- 無回答 12.0%
- いくら条件がよくても買いたくない 26.1%
- まったくこだわらないでその家を買う 33.8%
- こだわりはあるが、他と比べて安ければ買う 28.1%

なたが、住宅を探しているとします。間取り、交通の便、環境、値段など、自分の目で確かめ、気に入ったとします。その後、その家のすぐ近くに同和地区があり、同じ町内と分かったとしたら、あなたはどうしますか」というものです。条件が気に入っているのであれば、当然その物件を購入するのが普通です。ところが「まったくこだわらないでその家を買う」とした人は33.8％にとどまっており、「いくら条件がよくても買いたくない」という人が26.1％もいました。さらには、値段はすでに気にいっているにもかかわらず、「こだわりがある」としたうえ、「他と比べて安ければ買う」という特別な条件を持ち出してくる人が28.1％もいるのです。

　部落を避けようとする忌避意識は、部落の住環境の改善が進んだにもかかわらず、なお厳しく存在し続けているのです。

2　再不安定化の予兆

「状態論」による取り組みの功罪

　「状態論」の限界を感じさせるのは「実態的差別と心理的差別の相互

因果関係論」に関してだけではありません。著しい改善を成し遂げた「実態的差別」の分野においても、「このやり方ではもう限界だ」という状況が生じてきました。

「状態論」は部落の厳しい生活実態に差別の原因を求め、「その状態を変えること」に取り組みの焦点を向けさせました。その際、最も効果的に「その状態を変えること」に適した手法として採用されたのが同和地区や地区住民に対する特別対策事業の導入でした。そして最も速やかに「その状態を変えるもの」として実行されたのが、生活関連分野にかかわる「個人給付事業」と「減免措置」という対症療法的施策でした。

当初はそれが求められました。そしてこうした施策が、本当に部落の生活を救ってきたのです。しかし、こうした応急措置の効果は一過性のものにすぎません。その結果、外見は改善を示しながらも、特別対策が打ち切られれば急速に後戻りしかねない脆弱な生活基盤と依存体質を許してしまったといえます。さらには、対症療法的手法の長期化によって、そもそも部落の生活実態がなぜこのように厳しいものになってしまうのかという真の原因があいまいにされ、実態の根本的な解決への糸口を封じているのではないのかという懸念も広がってきました。

もちろん当初より、こうした応急措置だけで事を済ませようと考えられたわけではありません。「同対審」答申においても、確たる生活基盤の確立が大切なことは強調されていました。しかし現実は、なかなかそうはならず、特別対策事業による取り組みに安住してしまったというのが正直なところです。

進行する不安の現実化

「特別対策が打ち切られれば急速に後戻りするのではないか」という不安は現実化しつつあります。その端的な例として、部落の労働実態の「逆流現象」を取り上げておきます。

表8は、1972年、1990年および2000年に実施された大阪の部落に対する生活実態調査の結果です。2000年の分はこれまでも使用してきた

「2000年大阪府部落問題調査」です。ここでは、雇用労働者における「常雇」の割合と、賃金形態における「月給」の割合を年齢階層別に比べています。

1972年から1990年にかけて、本格的な同和行政の進展のもとで「常雇」の割合は72.6％から82.5％へとほぼ10ポイント上昇し、雇用の安定化が進んだことがわかります。ところが、2000年にはそれが68.6％へと大きく減少しています。1972年における「常雇」という安定雇用の割合は30歳以下の若年層においてより高くなっていたのに対して、2000年の結果は、むしろ若年層において雇用の不安定化が再発していることを示しています。

表8 「常雇」および「月給」の割合

	雇用労働者における「常雇」の割合			賃金形態における「月給」の割合		
	1972年調査	1990年調査	2000年調査	1972年調査	1990年調査	2000年調査
該当数(人)		21,325	2,971	16,070	21,325	3,323
全体	72.6%	82.5%	68.6%	41.7%	66.8%	58.5%
15～19歳	86.2%	75.8%	32.0%	57.4%	61.9%	38.6%
20～29歳	82.9%	85.4%	66.2%	55.0%	73.1%	61.7%
30～39歳	68.4%	85.5%	71.5%	38.1%	74.3%	63.1%
40～49歳	68.5%	81.3%	72.3%	34.1%	63.8%	68.9%
50～59歳	65.6%	81.8%	69.2%	27.1%	59.1%	56.1%
60～69歳	51.5%	69.4%	45.8%	25.8%	47.1%	33.3%

注1）1972年調査とは、(財)大阪府同和事業促進協議会が実施した「大阪府同和地区労働実態調査」である。同調査は、府内43の同和地区を対象に、アンケート方式による悉皆調査として実施された。

注2）1990年調査とは、大阪府が実施した「同和対策事業対象地域住民生活実態調査」である。府内48の同和地区を対象に、アンケート方式による悉皆調査として実施された。なお、表中の1990年調査のデータは、調査対象者のうち、「世帯主夫婦、その父母または祖父母のうち、1人でも現住地区に生まれた者のいる世帯、および転入してきた者のうち、前住地が同和地区の世帯」の合計である。

注3）1972年調査の「全体の割合」には「70歳以上」も含む。また「賃金形態」は、「週給・月給」の割合である。

安定した就労の一つの目安となる「月給」の割合も同様の傾向を見せています。1972年では41.7%しかなかった「月給」の割合は、1990年には66.8%と25ポイント以上の急激な上昇を遂げています。ところが2000年には、これが58.5%へと再び減少しているのです。しかもその減少傾向が、若年層において顕著であることは「常雇」の場合と同じです。

　部落の生活実態が、再び厳しい状態に後戻りしていく予兆が調査結果から伝わってきます。そこに「状態論」に依拠した取り組みの限界が垣間見られます。

5…「存在論」「状態論」と疎外の構造

1 「存在論」「状態論」を支える規範

　部落差別のとらえ方として「存在論」と「状態論」という二つの異なったとらえ方を取り上げてきました。ところが、この二つの考え方には共通した側面があるのです。それは、「存在論」にしろ「状態論」にしろ、こうした考え方が成り立つためには、ある存在やある状態が他と区別されてとらえられているという点です。

　「存在論」では、それが「部落」という存在と「部落以外」という存在の区別でした。また「状態論」では、「部落の状態」と「部落以外の状態」との区別でした。二つのとらえ方は、部落差別の原因を「存在」に認めるのか「状態」に認めるのかという点では異なります。しかし、「部落内外の違い」の中に差別の原因を求めている点においてはじつは同じ発想であるということができるのです。原因規定におけるこの共通性は、したがって差別解消のための取り組み方においても共通性を打ち出すことになります。それが、「部落」と「部落以外」との違いを解消することによって差別を解消するという道筋です。

　注目をしたいのは、その違いの解消における道筋のあり方です。「存在論」では、部落の存在を解体して、あるいはわからないようにするこ

とによって「部落以外」との違いをなくすことが差別解消の道であるとしました。また「状態論」では、部落の低位性を改善して「部落以外」と同じ水準にすることを取り組みの目標として掲げました。いずれも、部落の側に変化を求めています。部落の側が変わることによって、「部落以外」の側と同じになっていくことが求められているのであり、部落の存在や状態は、改められるべきものとして取り上げられているのです。

ではなぜ、「部落」と「部落以外」という区別の枠組みの中において、部落の側のみが改められるべきものとして登場してくるのでしょうか。「存在論」と「状態論」という二つの差別のとらえ方を取り上げてきた今、改めて考えておきたいのはこの点です。そこには、「部落以外」が本来の姿であるという規範が貫かれているのではないでしょうか。もっとわかりやすく表現をすれば、「部落以外」が正常であり、「部落」の存在や状態は正常ではない、つまり「部落」の存在や状態を異常であるとする規範です。それが「存在論」において「部落を解消すべき存在」として提示していることの意味であり、「状態論」における「改めるべきものとしての部落の状態」という提案の基本的な意味ではないでしょうか。

うがった見方かもしれませんが、そこには「だから部落は差別されても仕方がないのだ」という差別における部落責任論が潜んでいるような気がしてなりません。「同対審」答申が提示した「実態的差別と心理的差別の相互因果関係論」には、こうした見過ごしにできない一面があるのではないかと考えるのです。

「存在論」は論外としても、「状態論」が指摘した部落の厳しい生活実態という現実の放置は許されるものではありません。取り組みを展開して、それを改めるべきことにはまったく異論はありません。しかし、たとえ部落の生活実態が厳しいものであったとしても、だからといって差別されなければならない理由はどこにもないのです。「存在論」や「状態論」の奥深い所に、「部落以外」を正しいものとする社会的な規範が潜んでいるのではないでしょうか。

2　M.フーコーの『狂気の歴史』

　「存在論」や「状態論」が、こうした「区別」の枠組みと「正常」「異常」の規範の上に成り立っている差別のとらえ方ではないのかということに気づかせてくれたのは、M.フーコーの著した『狂気の歴史』（新潮社、1975年）という本でした。

　フーコーはそのなかで、「狂気」が「精神病という病」に移行するについての歴史的考察を展開しています。彼は、ルネッサンス期（14〜16世紀）の「狂人」の置かれた状況を《阿呆船》なるものを取り上げて描写したのち、こうした「狂人」が古典主義時代（17世紀半ばから19世紀初頭にかけての近代社会の形成期）の初期に、「病人」として取り扱われるにいたる変化を克明に追っているのです。

　「狂人」は、1656年にフランス国王が発した「一般施療院」の設立を命じる布告を一つの契機に、「監禁される存在」へと移行していきます。この監禁施設には、「狂人」とともに多くの貧者が収容されました。当時の社会がこれら人びとを監禁すべきものとしての感受性を育むにいたった背景には、宗教改革によってもたらされた「労働は神聖な行為である」との宗教的価値観の形成があったのです。労働というこの神聖な役割を行使し得ていない「狂人」や貧者は、もはや救済や保護の対象などではなく、むしろ救済や保護をおこなう慈善行為は罪悪とさえ見なされていくようになっていったのです。

　こうした社会的価値観の支配は、放蕩者や浪費癖のある者、神を冒瀆（ぼうとく）する者、無宗教者なども同類と見なし、監禁施設に収容することとなっていきました。そこでは、これら人びとを単に隔離するだけではなく、道徳律としての労働を強制しました。そして、労働行為をなすことのできない「狂気」を明白な「悪」としてとらえ、その罪を罰する意味をも含めて、「狂気」を治療すべき病としてとらえることとなっていったのです。

　こうした人びとの新しい感受性のベースにあるのものが、「正常」と

いう道徳律であり、これに反するさまざまな行為や存在が「非理性」というカテゴリーの中に包含されていきました。監禁施設はこれら「非理性の人びと」に「理性」を回復させ、社会に復帰させていくことを目的として、労働の強制や治療を施す施設の役割を果たしたのです。

　ここにいたって「狂気」という個性は、社会の支配的な規範によって精神病という病に位置づけられ、治療を通じて「正常」へと復帰すべき対象へと転化させられていったのです。かくして「狂気」は、改められるべき存在としての「異常」という社会的存在となっていったことが展開されています。

　フーコーのこの考察に学ぶとき、「存在論」や「状態論」を当たり前のこととして受け入れる前提には、部落以外の社会を「正常」と見なし、部落を「正常に復帰させるべき異常」として受けとめている社会的規範が無意識の内に横たわってはいなかったのかと、率直に振り返らざるを得ないのです。そうしたことの結果、部落が育んできた大切な「個性」までもが簡単に軽視され、平準化されようとしてきたのではないかと感じるのです。

3　疎外からの解放と新たな疎外

　フーコーの『狂気の歴史』では、「正常」と「異常」という規範の形成とともに、「存在論」や「状態論」という差別のとらえ方を考えるうえでさらに興味深い指摘がなされています。それが、新たな抑圧の構造に関する言及です。

　フーコーは同書の第3部で、「狂人を監禁施設から解放した」フランスの著名な精神科医ピネルの〈神話〉を取り上げています。ピネルは、「鎖につながれていた12名の精神錯乱者を釈放することを決心する」のです。その一人が、「躁暴の発作にかかって、はめられていた手錠で一人の給仕人の頭をなぐり即死させた」イギリス人大尉でした。

　ピネルは大尉に対して、「正気の人にもどり他人に危害を加えぬように勧告し、そのかわりに鎖を解いて中庭を散歩する権利を認める約束」

をします。提案を受け入れ、鎖を解かれた大尉は、もう発作的に躁暴になることはなくなったばかりか、彼はこの施設の中で役に立つようにさえなったのです。

同じような変化の例が兵士シュヴァンジェの場合として記されています。ピネルは彼に、「自分の奉公人にしてやろう」と明言し、彼への懲罰を解いたところ、「奇跡がおこって、忠実な召使の美徳が、この狂った精神の中に突如として目覚め」たのです。

では、理性的に振る舞い始めたイギリス人大尉や兵士シュヴァンジェたちは、鎖が解かれることによって本当に理性を取り戻したのでしょうか。フーコーは「鎖はとかれ、狂人は自由の身になる。そしてそのとき、理性をとり戻す。いや、そうではない。それじたいにおいて、それじたいとしてふたたび現れるのは理性ではなく、すっかり組み立てられている社会的なさまざまな種別である」と語っています。中山元は著書『フーコー入門』（筑摩書房、1996年）の中で、この指摘をとらえて、「他者の道徳を自己の道徳として確立し、社会的で道徳的な主体として自己を確立することで、〈治癒〉するのである」と述べ、「自己の疎外（＝狂気）が解消されるはずの治癒が実現されるのは、自己の完全な疎外においてでしかない」と解説しています。

「理性的に振る舞い始めた」人びとの上に降りかかってきたのは、「すっかり組み立てられている社会的なさまざまな種別である」とのフーコーの論及は、部落差別の現実をとらえるうえにおいて、たくさんの示唆を与えてくれるものでした。それが「存在論」や「状態論」が結果として招いてしまった新たな抑圧の構造ともいうべきものです。

4 新たな抑圧の構造

「存在論」は、部落の人びとに部落とのかかわりを断ち切ることを求めました。差別からの解放と自由獲得のために、自分が部落に生まれ育った事実を隠すことを強いました。そうして多くの部落出身者が部落をあとにし、戸籍を塗り替え、部落とのかかわりの痕跡を断とうとしたので

す。部落の外で、部落問題などに興味も関心もない素振りを求め、「一般の人」として生きていくことを模索したのです。それが、島崎藤村が描いた『破戒』の主人公である瀬川丑松の姿であり、それを求めた父の戒めでした。

　ではそれで、部落の人びとは本当に解放されたのでしょうか。フーコーの問いかけは、この点をついています。部落に対する差別が身の回りでさまざまな形で繰り広げられるとき、部落出身者はそれに対して平気を装うことを強いられるのです。ときには、差別への同調を求められることさえ起こります。こうして、二重三重に差別への屈服を強いられるのです。中山元の指摘を借りれば、「差別が解消されるはずの『存在論的な対処』が実を結ぶのは、部落出身者である自己の完全な疎外においてでしかない」ということになります。「存在論」が「正常」と「異常」という規範に支えられているかぎり、部落出身者に対する抑圧関係は新たな疎外に転化されるだけのことであったといえるのです。

　「状態論」にあっても、事態は同様の展開をたどったといえます。部落の低位な生活実態を目の当たりにした市民は、部落に対して「さげすみ」のまなざしを注ぎました。こうした差別意識解消への核心をその低位性の克服ととらえた「状態論」は、格差是正を目標に、部落に対する目的意識的な取り組みを展開したのです。やがて部落の実態は大きく改善し、部落の生活は「一般平均」に接近し、「普通の姿」を取り戻し始めました。しかしそのとき、部落に注がれたのは、「さげすみ」に代わる「ねたみ」のまなざしであったのです。

　「低位性」の克服を実現したとき、部落は「解放」を手にするはずでした。しかしそこに現れたのは、部落に対する新たな抑圧の様相であり、部落の人びとは「低位性」ゆえに強いられたはずの疎外を、「改善」のなかでなお強いられ続けようとしているのです。それが「実態的差別と心理的差別の相互因果関係論」の破綻です。戦後の部落問題認識をリードした「状態論」は、自らの成果を通じて、その立脚点としての部落問題認識そのものの限界を明らかにすることとなりました。

第6章 関係論
差別のとらえ方・その3

1 …「状態論」ではとらえきれない差別の現実との遭遇

　「状態論」という差別のとらえ方には限界がある、そうはっきりと感じたのは、土地差別問題に取り組んでいるときにおいてでした。部落の土地は差別されています。それはひそかに調べられ、部落の土地であるとわかると市民から敬遠され、売買においても他の物件とは異なった不利な取り扱いを受けています。詳しくは拙著『土地差別――部落問題を考える』（解放出版社、2006年、以下、『土地差別』）で取り上げていますが、こうした土地差別の集中的な現れ方が「部落の土地は安い」という土地価格の現実でした。

　相続税路線価などに基づいて複数個所の部落の地価を検証しましたが、いずれにおいても、驚くほど明確な部落と部落外との土地価格の格差が示されました。明らかな「実態的差別」の現実です。「状態論」は、こうした低位な土地価格という状態を部落外の土地と同等の価格になるように格差是正を求めます。そしてそのための特別対策を打とうとするのです。

　しかし現実には、それは不可能です。なぜなら、部落の土地価格は、他の土地価格と同様に不動産市場における需要と供給の関係で決定されているからです。そんな仕組みの中に行政が介入し、「部落の土地の価格をもっと高くしなさい」と求めても実現するはずがありません。いやそれ以前に、不動産市場という民間の営利活動の場に行政が介入するこ

と自体が許されるものではないのです。

　それならば個人給付のように、その格差分を行政が補塡(ほてん)することはできるでしょうか。それも無理です。なぜなら、土地とは個人の資産であり、日本の法体系においては個人資産に対する公的補償は認められないからです。台風や地震など、自然災害の被害においてもそれは同じで、資産の損害に対する公的補償はいっさいありません。つまり、「部落の状態を改善すればよい」とばかりに特別対策を投入するという「状態論」的発想では、この土地差別問題はいかんともしがたいものとしてあったのです。おそらくはそうしたことの結果でしょう、これまで部落の土地差別問題は不思議なほど取り上げられていないのです。それは行政においても、また部落解放運動においても同じです。

　しかも、こうした不動産市場に、部落の土地をあえて低く押さえ込もうとする意図的な差別の力が働いているわけでもありません。土地価格の査定に用いられているのが「不動産鑑定評価基準」と呼ばれているものですが、そこには一片の差別的な基準も存在しないのです。しかし、歴史的な部落の立地条件や部落の住環境、さらには地域の経済力や市民の忌避意識による低調なニーズなど重層的な部落差別の現実が、この評価基準の中において作動するとき、まさに「公正・公平に部落の土地を相対的に低価格な実態へと導く」こととなってきたのです。

　部落の土地差別の実態には、こうした不動産売買をめぐる社会的な諸関係が反映されています。ですから、部落の状態だけを取り上げても、この問題の解決の糸口は見えてこないのです。まさに、すべての社会現象がそうであるように、部落差別の現実も社会の諸関係の総和であり、またその断面であるのです。その結果、これほどはっきりとした差別の実態がありながらも、「状態論」という差別のとらえ方では土地差別問題は、部落問題解決の課題として社会的に取り上げられることはなかったのです。土地差別問題は、部落差別の現実をとらえる視点に、新たな問題提起を投げかけました。

　そこに登場するのが、「関係論」という差別のとらえ方です。「関係論」

という差別のとらえ方は、その名のとおり、差別の現実を社会とのかかわりにおいてとらえようとするものです。それは、生活実態に現れている差別の現実を社会との諸関係から解き明かし、差別解消への取り組みのあり方を示唆するものです。部落問題の根本的な解決に向けた取り組みを提示できるのは、この「関係論」というとらえ方であると考えています。

　もちろん差別の現実は生活実態の分野だけではありません。差別は人間と人間の関係を断ち切るものであり、排除や社会的孤立を部落出身者に強いています。そしてこうした現実を支えている意識の問題は、生活実態の分野に劣らぬ重要な部落差別の現実を構成しています。ただし、意識の分野にかかわる「関係論」については、すでに拙著『見なされる差別――なぜ、部落を避けるのか』（解放出版社、2007年）において論じていますので、本書では、生活実態に現れている差別の現実に焦点を当てて「関係論」という差別のとらえ方を提起したいと思います。

2 「違い」への着目から「共通性」への関心へ

1 「違い」に着目した「状態論」

　「状態論」は、生活実態における差別の現実を部落内外の「違い」として読み取りました。部落の生活実態と市民の生活実態との格差を「違っている現実」としてとらえたのです。そしてこの「違いの解消（格差是正）」を差別解消の目標として設定し、その実現のために同和対策事業という一般施策とは「違った取り組み（特別対策）」を実施することを提起したのです。「違っている現実」「違いの解消」「違った取り組み」という三位一体の認識枠組みです。

　例えば、図17に示した部落と大阪府および全国の学歴構成を見てください。同和地区のデータは「2000年大阪府部落問題調査」によるものであり、大阪府および全国のデータは2000年の国勢調査のものです。この

なかで、「不就学」という項目がありますが、これは義務教育を修了していないことを指しています。大阪府や全国ではそれが0.2%しかないにもかかわらず、大阪の同和地区では4.8%も存在しています。初等教育修了（中学卒業者）では、大阪府の20.6%に対して同和地区では49.6%と倍以上の割合となっています。差別の実態を「不就学率」や「初等教育修了率」のこの大きな「違っている現実」のなかにとらえてきたのでした。

また図17からは、「中等教育修了」（高校卒業者）や「高等教育修了」（短大・大学卒業者）の割合がまだまだ少ないことが示されています。2000年に実施された調査データにおいてもこういう状況であるのですから、20年前、30年前であればさらに大きな格差が存在していたことは容易に想像できます。この進学状況の「違い」が差別の実態としてとらえられたのです。

逆説的な言い方をすれば、「違い」として読み取ったからこそ、同和地区や地区住民に限定した同和対策事業という特別対策が展開できたといえるのです。「同じ」であれば、ことさら同和地区や同和地区住民に対してだけ適応される特別対策の導入は説明がつかないことになり、施策の社会的正当性が失われてしまうからです。

図17　学歴構成の比較　〔2000年大阪府部落問題調査、2000年国勢調査〕

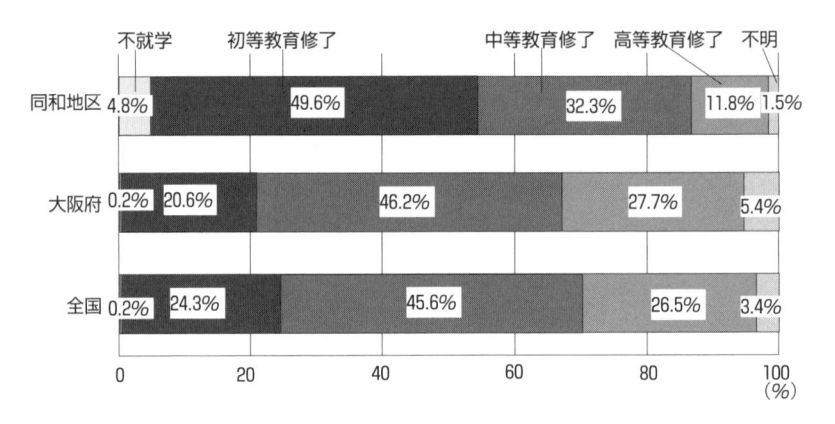

	不就学	初等教育修了	中等教育修了	高等教育修了	不明
同和地区	4.8%	49.6%	32.3%	11.8%	1.5%
大阪府	0.2%	20.6%	46.2%	27.7%	5.4%
全国	0.2%	24.3%	45.6%	26.5%	3.4%

部落を対象にした生活実態調査が、往々にして部落内外の「違い（格差）」の検証を意識して構成され、その分析が「違いの証明」に力点が置かれてきたのも、こうした差別のとらえ方に深くかかわっていることは以前にも指摘したとおりです。かくして、部落の生活実態調査は差別の現実を明らかにするだけではなく、「違い」の明示により、特別対策事業という施策の手法に根拠をあたえるという「社会的役割」を果たしてきました。「関係論」という発想は、差別の現実を「違い」という視点からとらえるこうした着目の仕方に率直な疑問を投げかけることから始まりました。

　誤解のないように書き足せば、差別の現実を「違い」という視点からとらえる発想は間違いではありません。むしろ、こうしたとらえ方のほうが主流であるといえるでしょう。ですから他の差別問題においても、「違い」の中に差別の現実をとらえ、「違いの解消」に差別解消の目標設定をする場合が多くあります。例えば、行政の審議会委員は圧倒的に男性が多く、女性の割合が低いこと。この男女比率の「違い」の中に女性差別の実態をとらえ、その解消を図ることが女性差別の現実解消の一つであると考えられていることなどです。日本人と外国人、障害者と障害のない人との生活実態における「違い」に差別の現実を認め、その解消に差別解消の道筋を設定するというとらえ方も同じ発想だといえます。つまり、「違い」という発想で差別の現実を認め、「違いの解消」を取り組みの目標に掲げる差別のとらえ方のほうがむしろ一般的であるといえます。ですから、ここでの提起はそれを否定するものではなくて、差別の現実を視点を変えて眺めてみればどのように映ってくるのだろうかという提案なのです。

2　課題の共通性への関心

　かくいう私自身も、これまでは差別の現実を「違い」という視点からとらえてきました。実際いろいろなところで、部落差別の実態を説明するのに部落の生活実態の低位性を取り上げてきました。「同和地区は今

日でもこんなに厳しい状況におかれている。例えば、若年層においてようやく高校進学率の格差は縮まってきたが、大学進学率はまだまだ半分くらいである。この差が差別の実態なんだ」と。そして、困難を抱えた一人親家庭の比率の高さ、生活保護世帯や住民税非課税世帯が多くを占めている低所得の実態、臨時や日雇いなどの非正規雇用者が占める割合の高さなどの数値をあげて、「なお残る実態的差別」への理解を求めたのです。事業経営にあっても、個人経営・零細事業が多く、農業においても耕作面積が30アール未満の零細規模農家の比率が極めて高い状況などを示しながら、格差の現実を差別の現実として提示していきました。そしてこう結論づけたのです。「この市民全体の状況とは異なる実態が差別の現実なのである。だから、部落にだけ特別対策事業が実施されてきたのだ」と。

　そんなとき、素直なこんな意見に出合うことが重なりました。「部落の厳しい実態はわかりました。しかし、部落差別の実態であると取り上げられているそれぞれの課題は、何も部落の人たちだけが抱えている課題ではないのではないですか。家の経済的事情による大学進学の断念、生活保護世帯、住民税非課税世帯、非正規雇用労働者、零細事業所や零細農家など、そんな人たちや状況は、部落以外の世間一般にもあると思うのですが……」。

　これに対して私は、「そうかもしれませんが、部落におけるこうした現実には差別がかかわっており、現象や課題は同じであっても、部落外のそうした問題とは意味が違うのですよ」と答え、部落内外の「違い」の説明に躍起になったものです。まるでそこのところがわからないと、部落問題が理解できないかのように。

　ところが、冷静に考えてみると、たしかにこの指摘はそのとおりなのです。部落差別の現実として示してきたそれぞれの課題は、何も、部落や部落出身者だけが抱えている特別な課題ではなく、市民の中にも同じ課題を抱えている人がいるのです。同じ問題が、部落内外に存在しているのです。

考えてみればそれは当たり前のことだといえるでしょう。なぜなら、人権とは、人間に対して保障される普遍的な権利であり、部落にだけ何か特別な、ほかには見られない人権の課題が存在していると考えるほうがおかしいのです。同じ時代に、同じ社会で、同じ人間として生活しているわけですから、部落内外に同じ現象が存在していて当然なのです。部落が抱えている課題（人権の課題）と他の地区が抱えている課題（人権の課題）とは共通していることのほうが自然なのです。道一本隔てた部落の側だけに、他には生じない特別な課題が発生していると考えるほうがむしろ不自然であり、無理な注文といえるでしょう。

　「違いの必要性」を意識するあまり、私自身は、部落内外の「状態の違い」の中に貫かれている「課題の共通性」という、差別の現実が持つもう一つの側面に背を向けていたのかもしれません。

3…「関係論」という差別のとらえ方

1 「関係論」の論理

　部落内外で同じことが起こっています。部落内外の課題は共通しているのです。だとすれば「部落差別の現実」というものをどのように説明すればよいのでしょうか。それが「関係論」という差別のとらえ方です。まずはそれを要約しておきます。そして、その一つひとつについて次に少し詳しく述べてみます。キーワードは、「反映」と「集中」です。

①部落差別の実態とは、社会に広く存在する矛盾や人権侵害の「反映」である。
②それはまた、こうした矛盾や人権侵害の「集中」的な表現である。
③部落差別の現実を見つめると、部落の問題がわかる。同時にそこに、社会の矛盾や人権の課題が見えてくる。差別の現実に市民の人権の課題を発見しよう。市民との協働によって、矛盾や人権の

> 課題を抱える社会の現実を変えていこう。部落差別の解消は、部落に対する特別対策によってではなく、こうした社会の変革の中にこそ展望される。

2 矛盾や人権侵害の「反映」

「①部落差別の実態とは、社会に広く存在する矛盾や人権侵害の『反映』である」とは、次のようなことです。

経済的事由による大学進学の断念、生活保護世帯や住民税非課税世帯などの生活困難の問題、失業や非正規雇用労働者などの就労実態など、これまで部落差別の実態として取り上げられてきた課題は、どれもこれも部落だけにしか発生しない特有の課題ではありません。劣悪な住環境問題や福祉や健康の課題もすべて同じです。

つまり、部落で生じている問題は、部落の外でも広く生じているのです。逆に、社会で起こっている困難や人権の課題は部落にも発生しているのです。

部落の人びとの困りごとや悩みごとは世間においても同じように悩み、困っている人がいるということであり、その逆もまた同様であるということです。「部落出身者だけの人権」といったものがあるわけではないのですから、それは自然な現象なのです。ですから、部落差別の実態として取り上げられている課題そのものは、じつは、社会に存在する矛盾や人権侵害の「反映」であるといえるのです。

3 矛盾や人権侵害の「集中」

「②それはまた、こうした矛盾や人権侵害の『集中』的な表現である」とは、次のようなことです。

部落の困りごとや悩みごとが、社会に存在する矛盾や人権侵害の「反映」であるとすれば、では、「部落差別の現実」とはどのように説明されるべきなのでしょうか。その答えは、差別の実態とは、社会に存在す

る矛盾や人権侵害が、部落の場合にはより広く、よりひどく、より慢性的に招き寄せられている姿であるということです。つまり、部落差別の現実とは、そのこうした矛盾や人権侵害の「集中的な表現」であるととらえるべきであるということです。

　図17（本書116頁）の学歴構成をもう一度見てください。義務教育すら修了していない「不就学」の人が大阪や全国に0.2％の割合で存在しています。これは憲法で保障された教育権が侵害されている重大な人権の課題です。こうした教育権をめぐる社会の状況は、もちろん部落にも「反映」されています。しかしそれは単なる「反映」ではありません。部落の場合には、それが4.8％と24倍も激しく、「集中」的に発生しているのです。おそらくその背景には、教育現場での露骨な部落出身者に対する排除の実態が存在していたと思われます。さらには、生活苦の中で、教育費すら満足に手当てできず、幼い子どもでさえも稼業の手伝いにかり出さざるを得ないという厳しい貧困の影響もあったのでしょう。こうして、より激しく、より厳しく、教育権の侵害という実態が部落に「集中」的にもたらされているのです。それが部落差別の現実です。

　「2000年大阪府部落問題調査」では、部落の完全失業率は男性で9.7％、女性で8.2％でした。同じ年の国勢調査によると、大阪府の男性における完全失業率は6.6％、女性は5.6％でした。いずれも1.5倍近い高い割合を示しています。働く権利が保障されていないという人権の課題が部落にも反映され、そして約1.5倍激しく部落を襲っているのです。

　部落の労働者においては、不安定雇用形態の人の割合が府民全体よりも多く、そのために真っ先に解雇されていっているものと推測されます。あるいは、部落の零細な事業所が、いち早く仕事の発注を止められ、真っ先に倒産していっているのではないでしょうか。こうして、社会全体を覆っている失業という人権の課題が、部落にはいっそう厳しく、いっそう深刻に生じているのです。部落差別の現実は、こうした社会矛盾や人権の課題の「集中」の中に見ることができます。

　「関係論」は、「状態論」が着目した「格差」を「違いの指標」と受け

とめるのではなく、社会が抱える矛盾や人権侵害の「集中度を表す物差し」として受けとめることを提起するものです。

4 差別の現実と市民の人権

「③部落差別の現実を見つめると、部落の問題がわかる。同時にそこに、社会の矛盾や人権の課題が見えてくる。差別の現実に市民の人権の課題を発見しよう。市民との協働によって、矛盾や人権の課題を抱える社会の現実を変えていこう。部落差別の解消は、部落に対する特別対策によってではなく、こうした社会の変革の中にこそ展望される」とは、次のようなことです。

　①と②を理解してもらえれば、③はそこから自動的に導かれる内容といえるでしょう。

　部落の現実をしっかりと見つめれば、部落における諸課題が見えてくることは当然のことです。しかし、見えてくるのは部落のことだけではありません。部落の実態が社会の矛盾や人権侵害の集中的な表現であるのだとすれば、部落のその現実から、じつは社会の矛盾や人権侵害の問題が浮かび上がってくるのです。社会に広く存在する人権の課題が、部落の実態の中に姿を現しているということなのです。

　市民の生活の中にあるさまざまな矛盾や人権侵害の課題は、なかなか発見されにくいものです。なぜなら、それらは少数の人びとの課題としてポツンポツンとしか存在しないうえに、多くの場合、こうした困難は他人に知られないように我慢していたり、自分で苦労を抱え込んでしまう場合が多いからです。その結果、「あるのに見えない」という状況を許しがちです。

　これに対して部落においては、それが頻繁に、高い割合で生じがちであるために、課題が浮かび上がりやすいといえます。また部落では、皆が助け合う相互扶助の伝統が培われている場合が多く、こうした困難をお互いさまの精神でさらけ出し、支えあう営みが築かれてきました。さらに、部落解放運動の展開や隣保館の活動が、的確にこうした課題を発

見する役割を発揮しているといえます。こうした事情によって、社会の矛盾や人権侵害の課題が、部落においては浮き彫りにされやすいのです。

つまりは部落から社会に対して、「こんな問題が残されているよ」と、市民の人権の課題が発信されているのです。部落の人びとの困りごとや悩みごと、願いや要求を「それは部落の問題である」とやり過ごすのではなく、「こうした問題は、市民の日常生活の中にもきっとあるはずだ」としっかりと受けとめることが求められるのです。「差別の現実に市民の人権の課題を発見しよう」とはそのことを指しています。

だとすれば、部落に生じている矛盾や人権侵害の課題を解決するためには、部落にだけ適用される特別対策では、その根本的な解決にならないことがわかります。「反映」であるところの、社会の矛盾や課題そのものを根っこから改革してこそ、部落の課題も再発することのない根本的解決へとたどりつく道筋が見えてくるのです。したがって取り組みの主体は部落内外の市民です。それが市民協働という視点です。

「関係論」は、「状態論」が着目した「格差」に対する是正を、部落に対する特別対策によって応急的に実現しようとするのではなく、社会のあり方そのものを改革することによって原因から断ち切ろうとするものです。「市民との協働」という取り組み方や「社会の変革」という目標は、「関係論」という差別のとらえ方のしかるべき帰結といえます。

4…介護保険問題に見る「関係論」の実際

1 驚くべき介護保険の申請率

では実際に「関係論」という視点で部落差別の現実をとらえるということはどのようなことなのかを具体的な調査データを用いて考えてみることにします。

表9は、「2000年大阪府部落問題調査」における、介護保険の利用状況に関する集計結果です。対象は同和地区の65歳以上の高齢者です。総

数1,688人のうち、介護・援助を「必要としている」という人が269人、「必要としていない」人が1,410人でした。介護保険は介護・援助を「必要としている」人が対象になりますから、この269人の介護保険の利用状況を見ることにします。

すると「申請していない」という人がなんと45.4％もいたのです。介護保険において65歳以上の人は「１号被保険者」といって、この保険を利用することができる年齢階層です。しかも介護や援助を必要としているわけですから、申請してしかるべき人たちです。にもかかわらず「申請していない」という人が半数近くもいるということは、驚くべき実態といわなければなりません。

もちろん申請さえすれば介護保険が自動的に利用できるわけではありません。申請書に加えて、かかりつけの医師の意見書と市の調査員による面接報告書の内容とが審査委員会で検討され、「要介護５」から「要介護１」および「要支援２」「要支援１」の各段階に申請者の介護の必要度が認定されるのです。それによって、利用できる介護保険のボリュームが決定されます。ただし、まだ介護の必要な段階ではないと判断される場合もあり、その場合は「自立」の判定となって介護保険の利用は見送られることになります。しかし、とにもかくにも、申請をしないこと

表９　65歳以上の人の介護保険の利用状況〔2000年大阪府部落問題調査〕

		該当数(人)	要介護・要支援の認定を受けている	自立（非該当）の判定を受けている	申請中である	申請していない	不明
総数		1,688	10.0%	2.5%	3.2%	83.5%	0.8%
介護・援助の必要	必要としている	269	43.9%	2.6%	6.7%	45.4%	1.5%
	必要としていない	1,410	3.5%	2.5%	2.6%	91.2%	0.3%

注）介護・援助の必要の不明（n＝9）は省略。

にはいっさいが始まらないのです。ところが調査の結果は、その申請をしていない人が該当者の45.4％もいたのでした。介護保険制度が部落の高齢者の頭上を素通りしている現実があぶりだされました。

2 未申請の背景

なぜこんなことになっているのでしょうか。ヒアリングをおこなうなかで続々と出てきたのは、「そんな制度を知らなかった」「説明のパンフレットを読んでも何のことか理解できなかった」「どこに行けばよいのかわからなかった」「申請書を書くのがむずかしい」などの理由でした。

そんな背景を示唆しているのが表10です。これは同じ調査において、「保健福祉サービスを受けるときに困ったことの経験」を尋ねた結果のうち、65歳以上の人の分を集計したものです。複数回答が可能であることに留意してみる必要がありますが、「困ったことはなかった」は55.5％にとどまっており、43.5％の高齢者がこれまで保健福祉サービスを受けるときに困ったことがあったと回答しています。なかでも多かったのは、「どこに相談していいのかわからなかった」の29.1％、「どこまで応援してくれるのかわからなかった」の22.4％、「何をしてくれるのかがわからなかった」の21.4％などです。「相手の説明がよくわからなかった」や「自分の状態を正しく説明できなかった」という人も10％前後います。

表10　65歳以上の人における保健福祉サービスを受けるときに困ったことの経験
　　　（複数回答）〔2000年大阪府部落問題調査〕

該当数(人)	どこに相談していいのかわからなかった	いろいろと聞かれるのが面倒くさかった	自分の状態を正しく説明できなかった	どこまで応援してくれるのかわからなかった	人によって説明が違って混乱した	相手の説明がよくわからなかった	何をしてくれるのかがわからなかった	その他	困ったことはなかった
705	29.1%	10.4%	9.6%	22.4%	10.1%	12.6%	21.4%	4.7%	55.5%

注）「受けたことはない」「わからない」「不明」は省略。

介護保険制度だけではなく、保健福祉行政全体が部落を素通りしているのです。こうした状況には、図17（本書116頁）で見た学歴構成も影響を与えていると思われます。「不就学」の割合が高い60歳以上の高齢者に限ると、「読むことが困難」な人の割合は21.2％、「書くことが困難」な人の割合は30.9％に達していることが同じ「2000年大阪府部落問題調査」で明らかになっています。市役所から、むずかしい言葉で書かれた「介護保険の説明パンフ」が配られても、「よくわからない」実態が高齢者の生活現場で引き起こされているのです。しかも、申請書を書けと言われると、とたんに戸惑ってしまう現実が部落の高齢者を襲っているのです。

　高齢者福祉制度は時代の流れの中で充実されてきています。しかしいくら制度を整備しても、困難を抱えた部落の高齢者には届いていない現実がそこにあるのです。それが、介護や援助を必要としている65歳以上の高齢者において、介護保険を「申請していない」人が45.4％も残されていることの社会的意味です。

3　差別の現実に市民の人権の課題を発見する

　介護保険料を払っていながら介護保険を利用する力を奪われてきている実態が調査で明らかになりました。差別の積み重ねが、さまざまな形でこうした実態をつくりあげているのであり、まさに福祉行政における部落差別の実態といわなければなりません。

　従来の「状態論」では、部落のこうした低い介護保険利用率という差別の実態を改善するために、部落の高齢者のみを対象にした特別説明会を開催したり、漢字にルビを打った説明資料を部落の住民だけに別途作成して配布するなどの「特別対策」を実施して、部落の高齢者における利用率の向上を図ろうとすることになります。

　これに対して「関係論」は、介護保険が部落の高齢者の上を素通りしている現実を社会の実態の「反映」だと、まずとらえます。きっと、部落の外でも、「そんな制度を知らなかった」「どこに行けばよいのかわか

らなかった」、介護保険の説明パンフが配られても「よくわからない」という実態があるに違いない。ただそれが、部落ほどには多発していないであろうし、そんな困難が発見される機会が乏しいので、見えていないだけであると受けとめるのです。

　「関係論」は、一人暮らし高齢者や高齢者だけの世帯、外国人高齢者や知的障害や精神障害のある高齢者など、さまざまな困難を抱えた市民においても、同じような「福祉の素通り現象」が生じているのではないかと警鐘を鳴らすのです。まさに、部落の介護保険をめぐる現実は、社会の介護保険をめぐる現実の「反映」であり「集中」的な現れであるととらえるのです。「差別の現実に市民の人権の課題を発見する」とは、このことを指しています。

　そうだとすれば、部落の高齢者だけに特別対策を講じても、福祉をめぐるこの現実を解決することはできません。福祉施策が届きにくい高齢者に、あるいはこれを利用することがうまくできない可能性のある高齢者に、きめ細かく制度を知らせ、その活用を保障する取り組みが部落内外の全域で求められるのです。例えばこうした対象世帯に、民生委員が新しい制度ができるたびに説明に行くとか、わからないことがあればいつでも遠慮なく連絡できる電話番号を届けるとかはできないでしょうか。人手が足りなければ、「福祉お届け隊」というボランティアを募るのもよいでしょう。一人の落ちこぼしもなく、必要としている人に必要な制度を届ける福祉行政の必要性とそのあり方を部落の高齢者の実態は提案しているのです。

　福祉行政は「申請行政」です。当事者が申請しなければ、いくら困った状態に陥ったとしてもひとかけらの福祉施策も適用されません。申請しなければ、豊かさの象徴である大都会の真ん中で、餓死する人さえ生み出されるのです。こうした「申請主義」は、福祉施策の活用に、制度を知っているという知識と、制度を活用できる（申請できる）という事務能力を求めます。「福祉は申請主義だから、頭のよいやつほどもとをとる」という人がいますが、それはまんざら嘘ではないのです。そして

こうした事情のなかで、困難を抱えた当事者が、制度から排除されていくという社会矛盾が引き起こされているのです。

部落差別の実態はそのことを告発しています。それを「部落のこと」「部落だけの現象」であるととらえるのではなく、社会の現実の「反映」と「集中」としてとらえ、部落内外の当事者が協働して、こうした社会の現実そのものを改革していこうというのが「関係論」が提起する差別のとらえ方なのです。部落の実態の根本的な解決もこうした社会変革のなかにこそあるのです。

5…デジタル・ディバイド問題に見る「関係論」の実際

1 部落のパソコン普及率とインターネット利用率

もう一つ、部落差別の現実を「関係論」という視点からとらえた実例を紹介しておきます。それがデジタル・ディバイド問題です。デジタル・ディバイドとは、情報通信技術（特にインターネット）の恩恵を受けることのできる人とできない人の間に生じる「情報格差」を指しています。

アメリカ商務省は、1999年7月に『Falling Through the Net：Defining the Digital Divide』という表題の報告書を発表し、前年の統計において、黒人、中南米系家庭のインターネット利用が白人家庭の40％にとどまっていることや、都市部の貧困層のネット利用人口は、年収75,000ドル（当時約820万円）以上の家庭の20分の1であることなど、深刻な情報格差の実態が生じている事実を明らかにしました。当時のクリントン大統領は、「人と人との壁を破壊するこの道具（パソコン）が、新しい壁をつくっていくことほど悲劇的なことはない」と警鐘を鳴らし、以後デジタル・ディバイド問題は重要な社会問題として登場してきました。

では、日本におけるデジタル・ディバイド問題はどうなっているのでしょうか。その実態が、「2000年大阪府部落問題調査」の「生活実態調

査」によって得られたデータから明らかになっています。

まずは、図18で示したパソコンの世帯普及率です。部落においては「家にパソコンがある（業務用も含む）」世帯の割合が22.3%であるのに対して、全国は38.6%、近畿地方では38.4%となっています。部落における普及率は、全国や近畿地方の6割弱の水準にとどまっていることがわかります。

図19は、勤務先、学校、自宅のいずれかにおけるインターネットの利用率です。部落のそれは14.4%であるのに対して、全国は28.9%となっています。部落の利用率は、全国のほぼ半分の水準にとどまっています。

文字情報化社会において「識字問題」を抱えさせられてきた部落において、高度情報化社会を迎えた今日、今度はデジタル・ディバイドという新たな情報格差問題が押し付けられているのです。しかも、それは部落の中で一律に進行しているわけではありません。

表11は、年間世帯総収入別に見たパソコンの普及状態ですが、世帯総収入が多いほど普及率が高くなっていることがわかります。また表12は、性別、年齢別などの階層別にみたインターネットの利用率です。これによると、「女性」「高齢者」「低学歴階層」「障害者」「低収入階層」において、インターネットの利用率が一段と低いことがはっきりと示されて

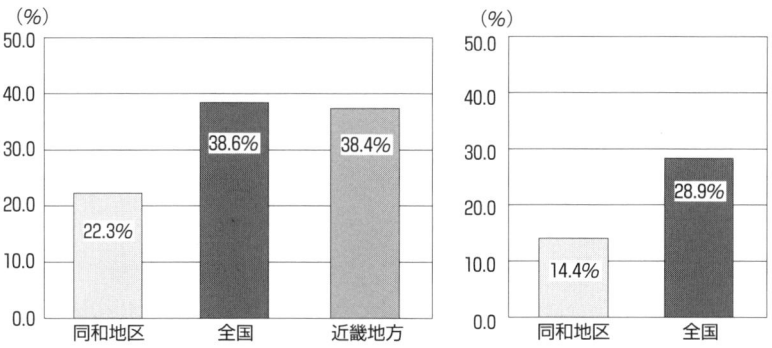

図18　パソコンの普及率
〔2000年大阪府部落問題調査〕

	(%)
同和地区	22.3%
全国	38.6%
近畿地方	38.4%

図19　インターネットの利用率
〔2000年大阪府部落問題調査〕

	(%)
同和地区	14.4%
全国	28.9%

表11　年間世帯総収入別パソコンの普及率〔2000年大阪府部落問題調査〕

		総数（世帯）	ある	ない	不明
	総数	7,720	19.5%	79.6%	0.9%
年間世帯総収入別	300万円未満	3,598	8.5%	91.2%	0.3%
	300〜400万円未満	852	18.9%	80.6%	0.5%
	400〜600万円未満	1,299	27.0%	72.8%	0.2%
	600〜800万円未満	709	33.0%	66.7%	0.3%
	800〜1,000万円未満	460	36.3%	63.5%	0.2%
	1,000〜1,500万円未満	333	46.2%	53.5%	0.3%
	1,500万円以上	144	59.7%	40.3%	―

注）年間世帯総収入別「不明」（n=325　世帯割合4.2%）は省略。

表12　階層別インターネットの利用率〔2000年大阪府部落問題調査〕

		該当数(人)	利用している(計)	利用していない	不明
	総数	6,784	14.4%	85.1%	0.6%
性別	男性	3,309	16.9%	82.5%	0.7%
	女性	3,475	12.0%	87.5%	0.5%
年齢別	15〜19歳	497	25.4%	74.2%	0.4%
	20〜29歳	1,142	31.1%	68.7%	0.2%
	30〜39歳	1,122	20.9%	78.7%	0.4%
	40〜49歳	1,116	14.0%	85.8%	0.2%
	50〜59歳	1,504	5.3%	93.8%	0.9%
	60〜69歳	1,403	1.6%	97.2%	1.1%
最終学歴別	不就学、小学校卒業程度、中学校卒業程度	3,155	4.1%	95.8%	0.2%
	高校卒業程度	2,264	16.0%	83.9%	0.1%
	短大・高専卒業程度、大学卒業程度	849	37.6%	62.3%	0.1%
障害の有無別	障害がある	534	5.8%	93.3%	0.9%
	障害はない	6,247	15.1%	84.4%	0.5%
年間世帯総収入別	300万円未満	2,856	7.4%	91.9%	0.7%
	300〜400万円未満	802	15.8%	84.0%	0.1%
	400〜600万円未満	1,255	17.0%	82.9%	0.1%
	600〜800万円未満	684	23.1%	76.6%	0.3%
	800〜1,000万円未満	422	20.6%	79.2%	0.2%
	1,000〜1,500万円未満	322	29.2%	70.5%	0.3%
	1,500万円以上	136	33.8%	66.2%	―

注1）「利用している(計)」は、「会社・施設など勤務先や学校でのみ利用している」「自宅でのみ利用している」「自宅と勤務先や学校の両方で利用している」を合わせた数値。
注2）最終学歴別、障害の有無別、年間世帯総収入別の「不明」は省略した。

います。

　「関係論」は、こうした部落の実態をとらえて、次のように受けとめるのです。

①部落が高度情報化社会において取り残されているということは、広く社会の中に、部落と同じように取り残されている人がいることを教えている。
②そしてそれは、「女性」「高齢者」「低学歴階層」「障害者」「低収入階層」の人たちであると思われる。
③なぜなら、部落の実態がそのことを示しており、部落の実態は社会の実態の反映であるからである。部落は、他に比べて高齢化が進んでおり、低学歴層や低収入層の割合が高い。そのために、部落には一段と厳しいデジタル・ディバイドの実態が生じているが、それは部落だけの問題ではない。
④部落の実態に、日本社会のデジタル・ディバイド問題を発見しよう。部落の実態を手がかりに、デジタル・ディバイドという社会問題解決の取り組みを立案しよう。

2　社会のデジタル・ディバイド問題の検証

　「関係論」の視点に立った部落からの提起は、事実において裏付けられています。例えば、**表13**は年間世帯総収入別に見たパソコンの普及率ですが、収入が上がるにつけて普及率も上昇していることがわかります。その結果「1,200万円以上」における普及率は66.3％と、「300万円未満」(12.8％)の5倍以上となっています。

　また、郵政省による1999年の「通信利用動向調査（世帯調査）」によると、世帯主の年齢が若いほどインターネットの利用率が高く、「20〜29歳」では33.6％と、「60歳以上」(10.6％)の3倍以上になっていることが**表14**において示されています。

　さらに**表15**のとおり、電通総研が1999年に実施した「生活者・情報利

表13 年間世帯総収入別パソコンの普及率（全国）

年間世帯総収入	パソコンがある
300万円未満	12.8%
300～400万円未満	21.8%
400～550万円未満	31.9%
550～750万円未満	44.7%
750～950万円未満	50.8%
950～1,200万円未満	57.3%
1,200万円以上	66.3%

注）消費動向調査（2000年3月）

表14 世帯主年齢別インターネット利用率

世帯主の年齢	インターネット利用率
20～29歳	33.6%
30～39歳	30.6%
40～49歳	24.0%
50～59歳	22.6%
60歳以上	10.6%

注）通信利用動向調査（1999年11月）

表15 情報リテラシー別最終学歴

情報リテラシー得点	計	中卒・高卒	短大・大卒
全体	100.0%	37.9%	42.4%
89点以上	100.0%	19.0%	69.0%
77～88点	100.0%	13.0%	75.7%
53～76点	100.0%	37.6%	40.2%
52点以下	100.0%	67.2%	10.9%

注）生活者・情報利用調査（1999年）

用調査」によれば、高学歴者であるほうが、情報リテラシー得点が高いことがはっきりと現れています。

　社会に広くデジタル・ディバイド問題が生じています。そしてその現実には、部落の実態が浮き彫りにしたとおり、「年間世帯総収入」や「年齢」「最終学歴」の違いが影響を与えていることが示されているのです。

3　「同和地区の実態」からの提案

　急速に進むIT革命（情報技術革命）は、「情報手段を使いこなせる者」と「使いこなせない者」の間に大きな壁をつくりつつあります。しかし

高度情報化社会の到来そのものは、本来、多くの市民により豊かな生活とより充実した人生への可能性を提供するものです。にもかかわらず、現実はむしろ、高齢者や障害者、低学歴階層や低所得者階層、女性などにデジタル・ディバイド問題が進行しているのです。部落の実態は、その現実をくっきりと浮かび上がらせています。

　求められるのは、部落に限定した、デジタル・ディバイド対策ではありません。実態が明らかにした「情報弱者」に対して、いかに高度情報社会における情報のコントロール権を確保していくのかという、デジタル・ディバイドの現実に切り込む情報行政の展開です。その推進によってこそ、部落におけるこの問題の根本的な解決は展望を与えられるのです。

　科学技術の進歩が切り開いた高度情報化社会の現実が、社会的不平等を加速させるのか、あるいはすべての市民の社会参加への道をいっそう広げることに貢献できるのか。部落の実態から、高度情報化社会における人権行政の課題が提起されていることがわかります。

4　「人権の宝島」としての部落

　部落差別は、部落とされてきた土地とのかかわりをもとに引き起こされる差別です（拙著『見なされる差別』参照）。こうした地域に対する差別であるがゆえに、そこにはじつにさまざまな社会の矛盾や人権侵害の課題が寄せられています。さまざまな年齢、さまざまな職業、さまざまな学歴、さまざまな経済状況・健康状態・住宅事情の人がいます。世帯類型も多様です。さらには、部落ごとにその状況も多様です。都市型の部落もあれば農村や山村、漁村の部落もあります。人口規模も1万人を超すような巨大な部落もあれば、数百戸の部落、さらには数戸からなる少数散在型の部落も各地にあります。

　その意味において、まさに部落は、日本社会の縮図ともいえる存在です。部落はこうした社会の多様性を抱え込みながら、それらを貫いて差別の対象とされてきました。ですから、部落には、現代日本のさまざま

な矛盾や人権の課題が凝縮されているといっても過言ではありません。

　ここでは高齢者福祉行政の課題とデジタル・ディバイド問題を取り上げましたが、それらは人権課題の氷山のほんの一角にすぎません。部落にはまだまだぎっしりと、市民の人権の課題が隠されています。

　部落差別の現実の中に社会の矛盾や人権の課題を発見し、人権の視点に立った社会変革の課題に部落内外の市民が力を合わせて取り組むことを部落差別の現実は訴えています。それが「関係論」であり、そのとき部落はまさに「人権の宝島」として映ってくるのではないでしょうか。

6…「関係論」をイメージする

1　ギックリ腰からの学び

　本章の最後に、私自身が文字どおり身をもって感じた「痛恨の体験」を紹介します。それがギックリ腰からの学びです。「関係論」のイメージづくりに役立ててください。

　あるとき、私は部落解放大阪研究集会で討論会のコーディネーターを引き受けていたのですが、その前日の朝、子どもの靴を揃えようとしたその瞬間、ギックリ腰になってしまいました。切り込むような痛さは半端ではなく、医者に痛み止めの注射を何本も打ってもらって次の日の研究集会に臨みました。会場で、ぎこちない私の動作を見つけた友人に事情を話すと、集会終了後、会場からそのまま「とにかく、よく効く」という評判の鍼医者の所へ連れていってくれたのです。

　鍼の先生は、診察台に私をうつぶせにし、「痛いのは腰なんです」と訴えているにもかかわらず肩口に鍼を刺したのです。背中にもぞもぞした感じがしたのですが、何のことかわからずしばらくそのままに置かれていました。「では鍼を抜きます」といわれながら、ふとその抜かれた鍼を見ると、何と50cmはあろうかという巨鍼だったのです。背中がもぞもぞしていたのは気のせいではなくて、本当に肩から腰まで鍼が突き刺

さっていたのでした。

　驚きはそれだけではありません。なんと（！）痛みが嘘のようにとれていたのです。心の底から「ありがとうございました」とお礼を言って帰ろうとした私に、先生は「いやいや、これで帰ってはいけない。このあとの話が肝心なんだ」と引き止めて、次のような話をされたのです。

　「腰の痛みがとれたからといって安心してはいけません。鍼で治療したのはその痛みだけであって、原因まで治したのではありません。あなたの腰痛はあなたの体全体の不調からきているのです。体調の崩れが、あなたの場合、その弱いところであった腰に痛みとして現れただけなのです。もちろん人によって弱いところが違いますから、ある人は目にきたり、消化器にきたり、気持ちがふさがったりなど、さまざまに現れます。大切なことは、腰の痛みをとるだけではなくて、その根本的な原因である身体全体の不調を今回のギックリ腰を機会にしっかりと治すことです」と。そして、日常生活の様子やストレス、食生活や適度な運動などについて細かく質問され、「食生活の改善」「しっかり歩くこと」「規則正しい生活」などについて厳しく指導されました。そのすべてを実行したわけではありませんが、移動に車を使うことをやめてしっかり歩くことを心がけたり、夜遅くに食事をとることを避けたりなど、それなりに新しい生活スタイルに挑戦しました。おかげで、以後、ギックリ腰の再発はありません。

　この鍼の先生が語った東洋医学の思想は、「病人を治す」という発想であり、人間の体は全体として一つの体系をなしており、個々の部分の状態は、すべてが互いに関係したなかから生じているという「生体有機論」という立場です。ですから、鍼治療に、内科や外科、耳鼻科などの区別はありません。生体（身体）全体のあり方を改善し、活力を増すことこそが個々の症状の再発を防ぐ道であるとの治療の基本姿勢がそこに貫かれています。私の腰痛の場合も、普段の不規則な生活、偏った食事、運動不足、ストレスの蓄積など「不正常」な生活の反映であり、私の弱いところである腰への症状を通じて、そのあり方に警告を発し、痛みを

伴って改善を促したということになるのです。だからこそ重要なのは、腰の痛みだけに気をとられるのではなく、腰の痛みが教えてくれた体全体の不自然について、これを機会に是正することとなるのです。

そんな説明をじっくりと聞きながら、私は、先生の話は部落差別のとらえ方における「関係論」とそっくりではないかと感じたのです。「身体全体の不調が、私の弱いところである腰にひどい痛みとなって現れた」という先生の言葉の、「身体全体の不調」に「社会が抱える矛盾や人権侵害の現実」を、「弱いところである腰」に「差別の対象とされてきた部落」を、さらに「ひどい痛み」に「矛盾の集中・差別の現実」をあてはめたのです。そして、「ギックリ腰を契機に生活全体の改善を図る」という治療方針に、「部落の実態に市民の人権の課題を発見して、社会の変革を実現する」という根本的な差別解消の展望を重ねたのでした。

ギックリ腰の経験とそのとき接した東洋医学の思想は、「関係論」をイメージするときにしばしば思い出される今は懐かしい体験です。

2 「補償」から「建設」へ

「関係論」のキーワードとして「反映」と「集中」という言葉をさきに取り上げましたが、ここではさらに、「補償」から「建設」へというキーフレーズを紹介します。「状態論」から「関係論」へという差別のとらえ方の発展を考える際に、このフレーズは私のイメージにとてもピッタリとくる言葉です。

「状態論」は部落の低位性を問題にしました。部落外の社会の状況に比べて、その落ち込んだ部落の実態を回復させ、部落内外の格差を是正することを提起したのです。従来の行政はこうした部落の実態を認知しながらも放置してきました。部落解放運動は、このような行政の姿勢はまさに「差別を助長し温存するものである」と指弾し、部落問題解決の行政の責任を追及しました。1965年に出された「同対審」答申も、「その早急な解決こそ国の責務であり、同時に国民的課題である」と謳い、部落問題解決の行政責任を認めたのです。

かくして、「行政責任論」に立脚した格差是正の取り組みは、責任を認めて被害の実態を回復するものと映り、私には「補償」という言葉がうまくあてはまるのでした。
　これに対して「関係論」は、差別の現実に市民の人権課題を発見し、部落内外の協働の力で、それを許してきた社会を変革しようと訴えます。変革した新しい社会を創造していくわけですから、「建設」という言葉がそこに浮かび上がるのです。単なる落ち込みの是正ではなく、力強く新しい世界をつくりあげていく創造です。
　この「建設」のイメージは、「健康」や「平和」の取り組みにおける国際的な定義にもつながるものだと感じています。例えば、1946年になされた世界保健機構（WHO）憲章の健康の定義では、「健康とは、完全な肉体的、精神的および社会的福祉の状態であり、単に疾病または虚弱の存在しないことではない」としています。「病気を治療する」というマイナスをゼロにするという発想ではなくて、肉体的・精神的・社会的に良好な状態を健康の定義としてとらえ、これを実現していこうという建設的な姿勢です。
　また「平和」については、国際平和年（1986年）を定めた第37回国連総会の決議がよくわかります。決議では、「平和ということと、ただ戦争や暴力がないというのは、格段の意味のちがいがある。平和ということは、各国間、各国民間で、協力、相互信頼、理解および正義に基づく積極的な関係が打ち立てられることを意味する」と平和を定義しました。まさに戦争や暴力という「マイナス状況の克服」にとどめずに、「協力、信頼、理解および正義に基づく積極的な関係」という「プラス状況の創造」こそが平和ということの意味であると謳いあげたのでした。
　いずれも、部落差別のとらえ方における「状態論」から「関係論」への発展とオーバーラップするものであり、「補償」から「建設」へというキーフレーズがそこに思い浮かびます。

第7章 なぜ部落に矛盾が集中するのか

1…「縦」の悪循環構造──なぜ部落に矛盾が集中するのか⑴

1 「縦」の悪循環構造とは

　部落において、社会が抱える困難が集中的に現象していくのはどうしてでしょうか。どのような変化の仕組みが「実態的差別」という社会矛盾の集積を部落に招き寄せているのでしょうか。本章ではそのことを「『縦』の悪循環構造」と「『横』の悪循環構造」という二つの側面から考えてみたいと思います。

　まず取り上げるのは「縦」の悪循環構造です。ここでいう「縦」とは、時間の経過を指しています。ですから「縦」の悪循環構造をひと言で説明すれば、厳しい生活実態が親から子へ、子から孫へと世代間に転移し再生産されていく仕組みということになります。これは、部落の厳しい生活実態がいつまでもなくならないカラクリとして、早くから部落解放運動において指摘されてきたことです。

　つまり……

①親の不安定な就労実態は低賃金による生活の困難を招き寄せた。
②苦しい生活の中では、子守や家業の手伝いが子どもの肩にかかることもあり、子どもの教育に十分な経費をかけることもできない状態を生んだ。こうした状況は子どもの勉学意欲にも反映し、不就学をも含む

低い学歴実態が形成された。
③部落出身者に対する就職差別に加えて、部落の子どもたちのこうした教育実態は、学歴社会の中にあっては安定した就労の実現を困難にした。
④結果として、小規模零細事業所への就職、不安定な雇用形態や賃金形態での就労に追い込まれていった。社会保険の不備や組合の不在という職場も多く、ケガや病気への対処や労働条件の改善にも恵まれない労働実態が形成された。
⑤こうした不安定な就労実態は低賃金による生活困難を招き寄せ……。

　もちろん実際にはこれほど単純なものではありません。また一律にこうした事態が進行したわけでもありません。しかし部落総体としては、こうした悪循環が親から子どもへと世代をまたいで繰り返され、生活実態の厳しさを再生産し続けてきたということです。
　そしてそれは、生活の実態だけではなかったはずです。労働のイメージ、家計のやりくりの仕方、父親・母親像、文化的な関心、生活習慣など、人生や生活のさまざまな分野においても世代間の転移が継承されてきたものと思われます。P.ブルデュー（フランスの社会学者）の「文化的再生産論」を想起させるこうした状況は、何も部落だけに限ったことではありません。しかし部落の場合には、差別の実態も再生産されていったのです。
　1965年に出された「同対審」答申では、こうした差別の実態の世代間転移をふまえて、「同和地区住民に就職と教育の機会均等を完全に保障し、同和地区に滞溜する停滞的過剰人口を近代的な主要産業の生産過程に導入することにより生活の安定と地位の向上をはかることが、同和問題解決の中心的課題である」と述べ、この連鎖にクサビを打ち込む施策の必要性を訴えました。こうして登場したのが同和対策事業です。そしてそれはたしかに一時的・部分的には有効なものでした。しかし悪循環構造そのものを改革するには力不足であったといわなければなりません。

2 教育に見る悪循環の背景

「縦」の悪循環構造の意味するところを示しましたが、「実際にはこれほど単純なものではありません」と述べました。つまり、生活実態と子どもの教育実態や、教育実態と就労実態とが凹凸のようにピッタリとうまく組み合わさるものではないということであり、それらが互いにストレートに反映しあっているものでもないということです。わかりにくい表現になってしまいましたが、そのことを「高校や大学への進学」をテーマに、取り組みの紹介も含めながらもう少し具体的に考えてみたいと思います。

図20は、1967年から1976年までの10年間における高校進学率を、全国および大阪府の状況と大阪の同和地区生徒のそれとを比較したものです。1967年の同和地区の高校進学率は60.7％であり、大阪府や全国の進学率に比べて大変低いことがわかります。その後、同和地区の進学率は急速に高まり、10年後の1976年ではその格差は5％ほどにまで接近しています。

図20 高校進学率（通信制を除く）の推移

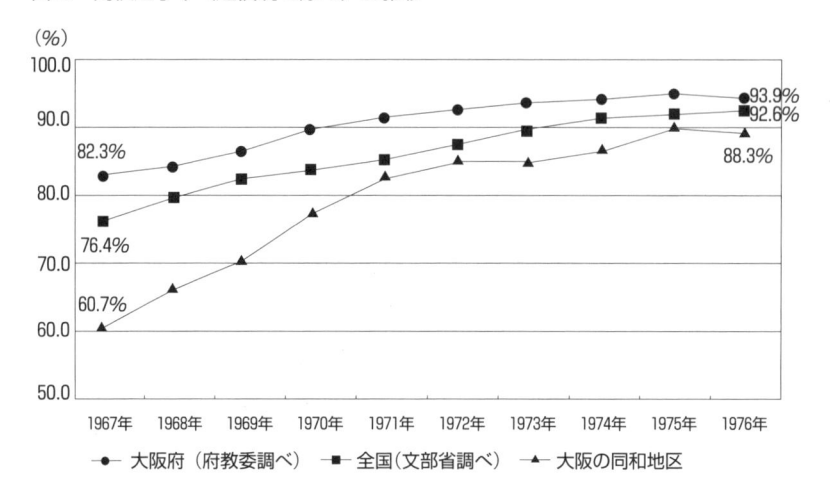

出典：大阪府同和教育研究協議会『大阪の子どもたち――子どもの生活白書2000年度版』

ではなぜ、これほどまでの格差が生じていたのでしょうか。最初に考えられる理由は学力の問題です。高校へ進学するためには入試において合格しなければなりません。そのための学力が求められます。部落の中学生たちにあっては、その学力が厳しい状況にあったことがうかがえます。

　なぜ、部落の子どもたちの学力は低くなっていたのでしょうか。同和教育運動は、これを部落差別の実態であると受けとめ、学校での取り組みにとどまらず、解放運動との連帯や保護者との連携によってその背景にあるものを克服しようとしたのです。

　例えば、加配教員の実現です。それによって35人学級の実現やきめ細かな学力保障の取り組みを追求しました。地域では「教育守る会」などの保護者組織が結成され、保護者自身が子育てについて学ぶとともに、自学自習の取り組みを学校と家庭、さらには地域の青少年会館や隣保館などが協力するなかにおいて推進していく活動が始まりました。

　しかしこうした学校や地域での取り組みに限界があることもわかってきました。なぜなら、学力の基礎となるさまざまな力において、小学校入学の段階で、すでに差ができてしまっている現実があったからです。つまり、学力格差はオギャーと生まれたその時点から形成されているということの発見です。新聞や本を読んでいる親の姿を知らず、「テレビが子守がわり」という文字文化の欠落傾向など、部落の親たちの生活の様子が、有形無形に子どもに影響しているのです。ですから、「０歳児からの皆保育」を求めた同和保育運動は、親の仕事保障の観点だけから提起されたものではなく、子ども自身の就学前における教育権の保障という大きな目的を持った運動として推進されていきました。

3　親の経済力の壁

　しかし、進学の前に立ちはだかった壁は学力問題だけではありません。1970年代の当時、むしろ決定的であったのは親の経済力の壁であったといえます。高校への進学には、試験で合格するだけではなく、必要な授

業料を払うことが必須条件だからです。その授業料も、部落の子どもたちが多く依拠した私立高校の場合には、公立高校に比べてさらに高額なものであったのです。

表16は、当時の部落の所得実態を示している調査結果です。1971年のデータにおいて、部落における生活保護世帯（8.2%）や住民税非課税世帯（12.3%）の割合の合計は20.5%に達しています。全国のそれは7.0%ですから、3倍近い大きな割合です。また住民税均等割のみの世帯も25.6%と高く、これら世帯で部落の半数近くを占めていることがわかります。こうした状況は1975年の調査においても大きな変化はありません。

世帯における所得は主に仕事による収入によって組み立てられます。その仕事における不安定な実態が生活実態に反映され、親の経済力を脆弱なものにしています。学力問題とは別に、「高校へ進学するお金がない」という親の経済力の問題が、「受益者負担」の教育制度のもとで、子どもの進学実態へと転化されていった状況が浮かび上がってきます。

表16　所得階層分布

	区分	同和地区 世帯数	同和地区 割合	全国 割合
1971年	総数	487,704	100.0%	100.0%
	生活保護世帯	39,769	8.2%	7.0%
	住民税非課税世帯	60,146	12.3%	
	住民税均等割のみ課税世帯	124,966	25.6%	13.4%
	住民税所得割課税世帯	262,823	53.9%	79.6%
1975年	総数	360,771	100.0%	100.0%
	生活保護世帯	34,503	9.6%	8.1%
	住民税非課税世帯	38,808	10.8%	
	住民税均等割のみ課税世帯	129,717	36.0%	16.8%
	住民税所得割課税世帯	157,743	43.7%	75.1%

注1）「同和地区」の世帯数には、大阪市および京都市にかかわる分は含まれていない。
注2）「全国」の割合は、国民生活実態調査による推計である。ただし、「1975年」欄に掲げたものは、1974年調査の結果である。
出典：総務庁長官官房地域改善対策室『同和行政──二十年の記録』（中央法規出版、1989年）

4　社会的な教育支援制度の貧困

　部落の親たちの厳しい経済実態が高校進学の壁として立ちはだかっていたことは事実です。しかし、このことが成立するにはもう一つの社会的要因が加味されなければなりません。それが社会的な教育支援制度の貧困です。

　たとえ家に進学するに必要な経済力がなくても、こうした生徒たちを支援する社会の仕組みが整っておれば問題はクリアされます。例えば教育の無償化です。国際的には高等教育の漸進的な無償化が時代の潮流としてあるものの、日本においてはまだまだ「受益者負担」の論理がまかり通っており、負担できない家庭においては高等教育を受けるという「受益」は認められない現実があるのです。

　加えて奨学金制度の不備です。学ぶ意欲がありながら、家庭の経済的事情により就学が困難な者に対して「安心して学ぶことのできる奨学金制度」があれば、部落の親たちの厳しい経済実態が進学断念の壁になることはなかったはずです。もちろん、奨学金制度はありました。その代表的なものは日本育英会による奨学金です。しかしこれを受けるためには「クラスの平均以上の学力」という成績条項があり、実質的に部落の子どもたちを排除していったのです。

　以上からも明らかなとおり、学歴構造に見る部落の低位性は、親から子へと自動的に継承されていったのではありません。学歴構造に見る差別の実態は、「受益者負担」主義の教育政策と奨学金制度の不備という日本社会の仕組みをかいくぐるなかで、はじめて再生産されていったのです。

　国際人権規約には、高等教育の漸進的な無償化が盛り込まれています。しかし日本政府はこの条項を留保したままであり、国内において具体化する姿勢はありません。教育基本法第3条には「すべて国民は、ひとしく、その能力に応じる教育を受ける権利を与えられなければならないものであって、人種、信条、性別、社会的身分、経済的地位又は門地によっ

て、教育上差別されない」とされ、「国及び地方公共団体は、能力があるにもかかわらず、経済的理由によって修学困難な者に対して、奨学の方法を講じなければならない」と記されています。しかし、国は「能力」の評価を矮小化し、教育を受ける権利の保障を果たさぬままにやってきました。

こうした社会の矛盾は当然、部落の子どもたちをも襲いました。そこには、他地区では見られない厳しい貧困の実態があり、子どもたちの学力問題が渦まいていたのです。だからこそ、いっそう厳しく、高校や大学で教育を受ける権利の侵害が部落に招き寄せられていったといえます。まさに「社会矛盾の反映と集中」という関係論の構図であり、「縦」の悪循環構造による差別の実態の世代間転移の姿です。

5 貧困の固定化

部落差別の実態における再生産のカラクリとして、「縦」の悪循環構造が注目されてからすでに多くの年月が経過しました。そして今、この矛盾の構造が、日本社会全体に露出し始め、重大な社会問題としてクローズアップされています。そのキーワードが「格差」「貧困」「連鎖」です。

1997年を境に民間企業で働く労働者の平均年収は下降線を描き始めました。「一億総中流意識」にどっぷりと漬かっていた日本社会に地殻変動が生じ始めたのでした。それが「格差社会」の到来です。21世紀に入り「格差の拡大」はますます進行し、「貧困の固定化」や「負の連鎖」などという言葉がマスコミに頻繁に登場し始めます。

例えば、2008年10月7日付の「読売新聞」には「社会保障　安心」という特集が組まれ、「親から続く『負の連鎖』」との見出しで次のように記されています。「30年間、福祉事務所で働く自治体職員は、『非正規雇用が増え、不安定な親の生活の影響を受ける子供が増えてきた』と感じている。そうした子供たちは、衛生的な生活環境や、早寝早起きなどの生活習慣を得られず、頼れる親類もいないことが多い。『そもそも、人生のスタートラインに立てていない』とこの職員は解説する」と現状を

紹介し、「貧困の固定化」を指摘しています。

　また記事中にも登場する大阪府堺市健康福祉局の道中隆理事は、同市内で生活保護を受ける3,924世帯を無作為抽出した調査で、①その25.1％は世帯主が育った家庭でも生活保護を受けていたこと、②母子世帯では、2世代続けて生活保護を受けている割合が40.6％におよんでいること、③生活保護世帯の世帯主の学歴は、中卒あるいは高校中退が72.6％を占めていることなどを明らかにしたうえ、「負の連鎖」が貫かれている現実をデータを通じて明らかにしています。

　阿部彩さんは、『子どもの貧困』（岩波新書、2008年）において、「貧困世帯に育つ子どもが、学力、健康、家庭環境、非行、虐待などさまざまな側面で、貧困でない世帯に育つ子どもに比べて不利な立場にあることをデータをもって示した。（中略）しかし、子ども期に貧困であることの不利は、子ども期だけで収まらない。この『不利』は、その子が成長し大人になってからも持続し、一生、その子につきまとう可能性がきわめて高いのである」と述べ、「貧困の連鎖」を指摘しています。

　湯浅誠さんは、『反貧困』（岩波新書、2008年）において、貧困状態に至る背景として、①教育課程からの排除、②企業福祉からの排除、③家族福祉からの排除、④公的福祉からの排除、⑤自分自身からの排除という「五重の排除」をあげ、「貧困は自己責任ではない」としたうえで、「貧困の実態を社会的に共有することは、しかし貧困問題にとって最も難しい。問題や実態がつかみにくいという『見えにくさ』こそが、貧困の最大の特徴だからだ」「姿が見えない、実態が見えない、そして問題が見えない。そのことが、自己責任論を許し、それゆえにより一層社会から貧困を見えにくくし、それがまた自己責任論を誘発する、という悪循環を生んでいる。貧困問題解決への第一歩は、貧困の姿・実態・問題を見えるようにし（可視化し）、この悪循環を断ち切ることに他ならない」と訴えています。

　岩田正美さんは、『現代の貧困』（ちくま新書、2007年）において、「貧困や社会的排除に陥る危険性は、誰にでも平等に分け与えられているわけ

ではないのである」「『格差社会』の進行やその背後にある経済社会の大きな変化が、むしろある特定の『不利な人々』を、真っ先に『貧困という名のバス』に閉じこめてしまい、そこから出られなくしていることに目を向ける必要がある」と述べて、貧困の偏在と連鎖を説いています。

「現在の貧困」を鋭く抉(えぐ)り出しているこれら一連の指摘は、まるで部落問題について論じているかのように感じるのは筆者だけでしょうか。部落の「実態的差別」と「縦」の悪循環構造がまざまざとこれら論考の中に想起されます。

部落解放運動や同和行政は、部落の実態調査を通じて、「見えにくい」差別の現実を可視化してきました。そしてそこに、差別の実態が再生産されていく悪循環構造を指摘し、それを何とか阻止するための取り組みを展開してきました。現在から振り返れば、「格差」「貧困」「連鎖」に対する部落からの提起は、社会矛盾の反映と集中のもとで、じつは一足早く日本社会の構造的な問題点を照らしだしていたといえるでしょう。

2... 「横」の悪循環構造──なぜ部落に矛盾が集中するのか(2)

1 「横」の悪循環構造とは

部落において、社会が抱える困難が集中するそのカラクリを世代間転移という視点から検討してきました。しかし、地域における生活実態の再生産は、この「縦」の循環構造だけから形成されるものではありません。おそらくはこれに匹敵する要因として、「横」の循環構造とも表現されるべき、部落住民の移動（転出入）による影響にも注目する必要があります。その意味では、部落の生活実態とは、部落を舞台にした、「縦」の循環と「横」の循環が織りなす生活模様であるということができるでしょう。そしてこの「横」の循環も、部落の生活実態に社会の矛盾や人権の課題を集中させる役割を担っているのです。

ここでは、「2000年大阪府部落問題調査」のデータを用いて、その実

際の様子を検証することにします。

2 部落の大規模な人口移動

まずは部落住民の移動（転出入）の状況です。比較データとして用いるのは1990年に大阪府が実施した「同和対策事業対象地域住民生活実態調査」（以下、「1990年調査」）です。

「1990年調査」によると、当時の大阪府内の同和地区人口は111,435人でした。これに対して、「2000年大阪府部落問題調査」では95,468人となっており、15,967人の減となっています。

一方、「2000年大阪府部落問題調査」によると、1991年以降2000年までに当該同和地区に新たに引っ越してきた来住者は、8,974人であり、1990年人口の9.4％にあたります。もちろん、これ以外にも同じ期間に、当該地区に生まれた人のUターン転入がありますが、今それを a 人であったした場合、来住者の合計は［8,974+a］人になります。

自然増減を無視するとすれば、1990年以降の10年間で［8,974+a］人が転入してきたにもかかわらず、15,967人の減となっているのですから、［15,967+8,974+a］人が転出したことになります。仮に a が0人として

図21　同和地区人口の移動〔1990年調査、2000年大阪府部落問題調査〕

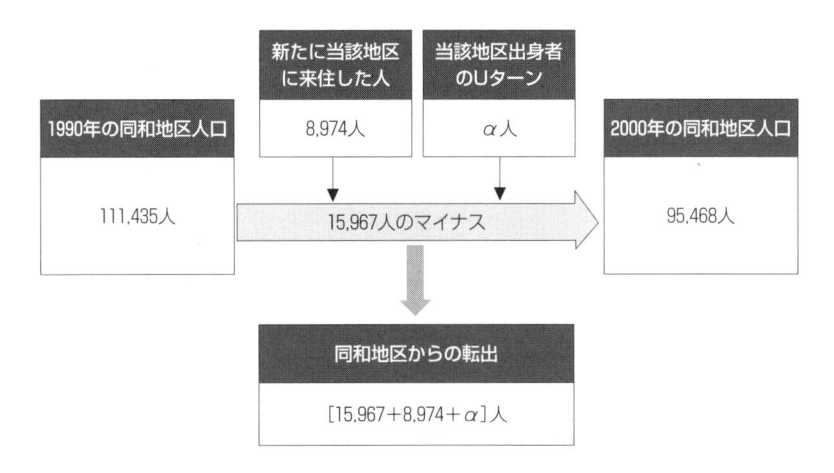

```
                新たに当該地区    当該地区出身者
                に来住した人      のUターン
                  8,974人            a人
                     ↓                ↓
1990年の同和地区人口 ━━ 15,967人のマイナス ━━▶ 2000年の同和地区人口
    111,435人                                      95,468人
                            ↓
                    同和地区からの転出
                  ［15,967+8,974+a］人
```

第7章…なぜ部落に矛盾が集中するのか　147

も、この転出者数は2000年における同和地区人口の26.1%にあたります。つまりこの10年間に少なくとも、人口の26.1%が流出し、9.4%が流入してきたということです。図21はその様子を図示したものですが、同和地区における住民の「横」の循環はこのように大規模に進んでいることがわかります。

もちろん住民の移動は何も部落だけの現象ではありません。大阪府全体でも同じです。総務省統計局の「住民基本台帳人口移動報告年報」および「国勢調査」データによると、1991年から2000年の同じ期間に、2000年人口の27.9%にあたる2,453,920人が大阪府以外の都道府県に転出しており、逆に24.1%にあたる2,123,617人が大阪府以外の都道府県から転入してきています。住民の移動は部落に限らず、広く大きく繰り広げられているのであり、部落もまたそうであるのです。

ただしこれは都市や都市型部落の実態であり、農山村やそこでの同和地区における転出入はこれほどの規模ではないと考えられます。またそこでは、主に転出が進行し、転入はわずかにとどまるなかでの人口減が急速に進行していると思われます。

3 生活実態に見る来住者像

では、どのような人びとが部落に転入してきているのでしょうか。第二の検証課題は、生活実態から見た転入者の状況です。「2000年大阪府部落問題調査」のデータを当該部落への「原住者」と「来住者」(出生地が当該部落であった者が再び戻ってきた場合を含む)に分類し、両者の比較を「世帯類型」「学歴構成」「年間世帯総収入」「就労実態」の各データから読んでみました。

世帯類型

表17は、原住・来住別に見た世帯類型です。来住者にあっては、「高齢者単独世帯」が8.0%、「高齢夫婦世帯」も8.0%と、原住者「高齢者単独世帯」の5.2%や「高齢夫婦世帯」の6.4%に比べて高くなっており、

表17　原住・来住別の世帯類型〔2000年大阪府部落問題調査〕

		該当数（人）	高齢者単独世帯	高齢夫婦世帯	その他の高齢者世帯	母子世帯	父子世帯	その他の世帯	不明
	全体	7,805	7.1%	7.5%	1.5%	2.4%	0.7%	80.7%	0.2%
原住・来住の別	原住者	2,494	5.2%	6.4%	0.9%	1.8%	1.1%	84.4%	0.2%
	来住者	5,292	8.0%	8.0%	1.7%	2.7%	0.5%	78.9%	0.2%
	原住地区の生まれ	1,179	4.6%	5.5%	1.7%	4.3%	0.9%	82.8%	0.2%
	原住地区以外の生まれ	4,113	8.9%	8.7%	1.7%	2.2%	0.4%	77.9%	0.2%

注1）現住・来住の別が「不明」の回答者（n＝19）は省略。
注2）「その他の高齢者世帯」とは、高齢者（65歳以上）と18歳未満の者からなる世帯。

とりわけ「現住地区以外の生まれ」の来住者においていっそう高くなっています。また「母子世帯」の比率も来住者においては2.7％と、原住者の1.8％より高くなっています。

学歴構成

図22は、原住・来住別に見た学歴構成です。来住者にあっては、「中学校まで」が54.9％と原住者より10.5ポイント高く、逆に「短大以上」が10.4％と原住者より2.5ポイント低くなっています。同和地区における学歴構成は大阪府全体に比べて相対的に低いことは第6章の図18（本書129頁）でも見たとおりですが、来住者のそれは、さらに低いものであることがわかります。

年間世帯総収入

表18は、全国および同和地区における原住・来住別の年間世帯総収入の分布です。来住者においては、「200万円未満」が34.1％、「200〜400万円未満」が27.0％となっており、「400万円未満全体」で世帯の61.1％を占めています。同じ「400万円未満全体」の世帯割合は原住者においては50.2％であり、10.9ポイント高くなっています。

第7章…なぜ部落に矛盾が集中するのか　149

逆に、400万円以上ではいずれの収入区分においても、原住者のほうが高くなっています。同和地区における年間世帯総収入は全国の状況に比べて明らかに低いですが、来住者のそれは、さらに低くなっています。

就労実態

図23は、雇用労働者における原住・来住別の雇用形態を調べたものです。来住者の「常雇」は64.0％にとどまり、原住者の75.6％より11.6ポイ

図22　原住・来住別の学歴構成〔2000年大阪府部落問題調査〕

	中学校まで	高校まで	短大以上	在学中・不明
原住者	44.4%	29.7%	12.9%	13.0%
来住者	54.9%	31.0%	10.4%	3.7%

注）原住・来住の別が「不明」の回答者（n＝19）は省略。

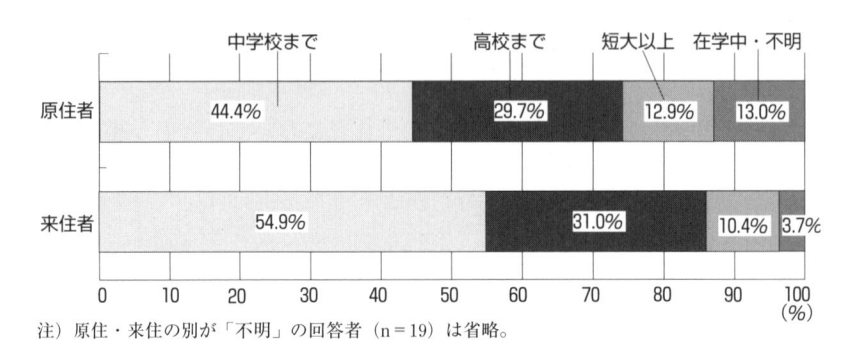

表18　全国および原住・来住別年間世帯総収入〔2000年大阪府部落問題調査〕

		該当数(人)	200万円未満	200～400万円未満	400～600万円未満	600～800万円未満	800～1,000万円未満	1,000万円以上	不明
全国			15.0%	20.7%	19.4%	15.3%	29.5%		―
同和地区全体		7,805	31.8%	25.8%	16.9%	9.2%	6.0%	6.2%	4.2%
原住・来住の別	原住者	2,494	26.9%	23.3%	18.3%	10.9%	7.5%	8.7%	4.5%
	来住者	5,292	34.1%	27.0%	16.2%	8.4%	5.3%	5.1%	3.9%
	現住地区の生まれ	1,179	31.9%	25.4%	16.4%	9.8%	6.5%	6.3%	3.8%
	現住地区以外の生まれ	4,113	34.8%	27.4%	16.2%	8.0%	4.9%	4.7%	3.9%

注1）現住・来住の別が「不明」の回答者（n＝19）は省略。
注2）全国：「国民生活基礎調査」1998年。

ント低くなっています。逆に「臨時工」「日雇」という不安定雇用形態の割合が来住者において高いことがわかります。

図24は、原住・来住別の賃金形態です。来住者の「月給」は55.1%で、原住者の67.4%より12.3ポイント低く、逆に、「日給月給」「週給・日給・時間給等」の賃金形態の割合が来住者において高くなっています。同和地区における不安定就労の課題が指摘されて久しいですが、そのなかでも来住者はより不安定な就労状況にあることがわかります。

なお就労実態は年齢による影響が大きいため、図23、図24はいずれも、原住者と来住者の年齢構成割合がほぼ一致する30歳以上の年齢階層を取り上げて集計しています。

図23　原住・来住別雇用形態（30歳以上）〔2000年大阪府部落問題調査〕

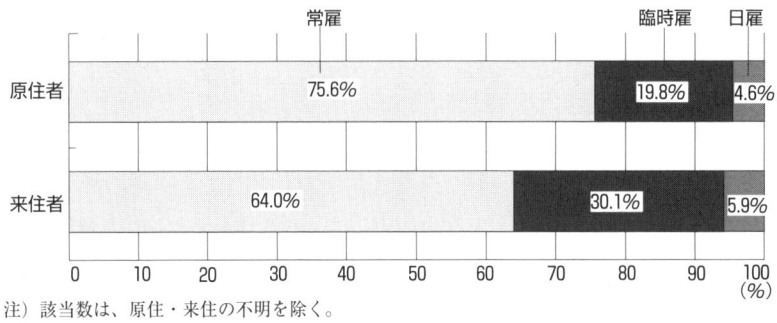

	常雇	臨時雇	日雇
原住者	75.6%	19.8%	4.6%
来住者	64.0%	30.1%	5.9%

注）該当数は、原住・来住の不明を除く。

図24　原住・来住別賃金形態（30歳以上）〔2000年大阪府部落問題調査〕

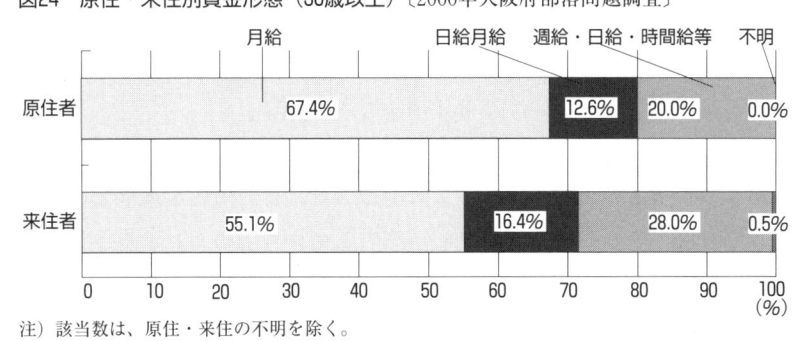

	月給	日給月給	週給・日給・時間給等	不明
原住者	67.4%	12.6%	20.0%	0.0%
来住者	55.1%	16.4%	28.0%	0.5%

注）該当数は、原住・来住の不明を除く。

4 部落への来住者像と推測されるその要因

　部落の生活実態はまだまだ相対的に低位な状況にあることは周知のとおりです。しかし、こうした部落の実態よりもさらに厳しい状況におかれた人びとが、部落に来住し続けていることが調査の結果から浮き彫りになっています。

　部落の原住者より高い比率の「高齢者単独世帯」や「高齢夫婦世帯」「母子家庭世帯」という「世帯類型」、部落の原住者より低位な「学歴構成」、より低い世帯収入、そしてより不安定な就労実態の人びとが部落に移り住み、そうでなくても厳しい部落の生活実態をさらに厳しいものへと再生産している様子が読み取れます。こうした「横」の悪循環構造が、社会の矛盾や人権の課題をいっそう集中的に部落へと招き寄せているのです。

　ではなぜ、こうした困難を抱えて人びとが、まるで部落に吸い寄せられるように来住してくるのでしょうか。推測域を出ませんが、私は次のような事情がそこに働いているのではないかと考えています。

　第一は、部落における「暮らしやすさ」の存在です。部落の厳しい現実と一見相反するように響くかもしれませんが、厳しい生活実態の地域には、厳しい生活実態の者が暮らしやすい智恵と工夫が広がっています。例えば、「お互いさまやないか」という相互扶助の伝統です。困っている人を放っておかない、放っておけない部落の文化がそこに育まれています。地域の子どもたちを「ムラの子」と呼び、お互いが「ムラのおっちゃん、おばちゃん」と呼びあう、そんな仲間意識が、一人の困りごとをみんなで何とかしていく力を発揮してきました。

　かつてはタバコの「バラ売り」などに象徴される、お互いの不足を補いあう消費生活の工夫もさまざまに創造され、また同和対策事業のあった時期には、それが部落における「暮らしやすさ」のシンボルとして吸引力を発揮したともいわれています。部落解放運動や隣保館活動の存在が、「困りごとをきちんと受けとめてもらえる」「何とかやっていけるか

もしれない」という魅力を与えている側面もたしかにあると思われます。部落におけるこうしたさまざまな「暮らしやすさ」が、困難を抱えた人びとにとって必要不可欠な「生きていく希望や展望」として映ったに違いありません。

　第二は、ネットワークの力です。困っている人を放っておかない、放っておけない部落の文化は、部落の中だけのものではありません。日常生活のさまざまな場面で困っている人びとに出くわすとき、「何とかならないか」「何とかしよう」という力となり、それが部落解放運動や隣保館への相談となり、地域の一員として迎え入れることにつながっていった例は珍しくありません。厳しい労働実態のもとで働く部落の人びとの周囲には、また同様の厳しい状況で暮らしている市民が多く存在し、こうした困難を抱えた者同士のつながりの力が、部落への来住の契機をなしている場合も多いと考えられます。

　第三は、差別の影響です。例えば表17（本書149頁）をもう一度見てください。注目してほしいのは「母子世帯」の欄です。原住者における「母子世帯」比率が1.8％であるのに対して、来住者においては2.7％と高くなっていることはすでに取り上げたとおりです。問題はその来住者のなかでも、「現住地生まれ」のUターン来住者において4.3％と一段と高くなっている事実です。これは原住者における比率の2.4倍にもあたります。結婚により部落外に転出した女性が、「母子世帯」となってふるさとにUターンしているのです。そしてその「母子世帯」になった背景に思いを馳せるとき、子どもが未成年であることをふまえれば、夫との死別という確率は低く、離別によるものが多数を占めていると思われます。その離別に、部落差別が影響を与えていたのではないかと考えるのはうがちすぎでしょうか。

　さらには、部落に対する差別が厳然と存在するなかで、「土地差別」の実態に象徴されるとおり、部落への来住は意識的に避けられている現実があります。にもかかわらず、部落に来住してくるということは、差別の対象となろうがなるまいがそんなことにかまってはおれないほどの、

第7章…なぜ部落に矛盾が集中するのか　153

のっぴきならない状況がそこにあると思われます。つまり、差別にかまっていられないほどの厳しさを抱えた人たちが部落に来住してきているのではないかということです。差別の影響が、より困難を抱えた人だけを淘汰(とうた)して部落に招き寄せているのではないかということです。

　以上は、なぜ、厳しい状況を抱えた人びとが部落に来住してきているのかという「横」の悪循環における来住者の背景を考えたものです。さきにも述べているとおり、これはあくまで推測にすぎません。こうした仮説の正否について確かめる機会があることを願っています。

5　流出者像を探る

　第三の検証課題は、こうした転入者と入れ替わりに、どのような人びとが部落から転出していっているのかについてです。ただし、ここで用いている「1990年調査」と「2000年大阪府部落問題調査」はいずれもそれぞれの時点における同和地区居住者を対象にしたものです。したがって、転出者の実態は把握されていません。そこで二つの調査結果の経年変化を読み取るなかで、どのような人びとが転出していったのかを推定することにしました。また、「2000年大阪府部落問題調査」における「定住意識」の分析から、どのような地区住民が転出意思を多くもっているのかを探り、転出予備軍の姿を明らかにします。

年齢階層

　年齢から見た流出者層の推定には、両調査における地区概況調査データを用いました。なお比較は、両調査における対象地区面積が完全に同一で、かつ年齢階層別地区人口の回答がなされている22地区を取り上げました。

　自然増減（死亡・出生）および流出入を無視すれば、1990年の年齢階層別人口は、2000年調査の時点ではそれ以降10歳年齢を重ねているわけですから、10歳加齢した2000年の年齢階層別人口と一致するはずです。そこで両者を比較したのが**表19**です。

それによると、いずれの年齢階層においても人口減が見られます。その減少部分が、自然増減を無視した転出入人口の差であり、転出者数がどの年齢階層でも上回っていることがわかります。問題は、年齢階層によって異なるその減少率です。落ち込みは、「1990年調査」における「20～29歳」「30～34歳」および「60歳以上」の階層で8割を切っており、二つの谷をつくっています。つまり、20歳代から30歳代前半にかけての若年層が、他の年齢階層に比べてより高い割合で流出していることがわかります。なお「60歳以上」の減少は、死亡による自然減が影響しているものと推測されます。

　なお念のため、「現住地区以外で生まれた者」における1991年以降の来住者数を年齢階層別に見ておきます。来住者に若い世代が相対的に少ないために、結果として「20～29歳」「30～34歳」の減少率が高くなっている可能性が否定できないからです。その結果は表20のとおりで、むしろ「20～29歳」が30.3%、「30～39歳」が26.2%と、他の年齢階層に比べて若年層の転入割合がかなり高くなっていることがわかります。このことを勘案すると、20歳代から30歳代前半にかけての若年層の流出率は表19より実際はさらに大きいことがうかがえます。

表19　年齢階層別の人口変化〔1990年調査、2000年大阪府部落問題調査〕

1990年調査			2000年調査		対1990年比
総数	33,202(人)		総数	24,940(人)	75.1%
15～19歳	3,371		25～29歳	2,854	84.7%
20～29歳	6,636		30～39歳	4,729	71.3%
30～34歳	2,455		40～44歳	1,867	76.0%
35～39歳	2,713		45～49歳	2,218	81.8%
40～44歳	3,071		50～54歳	2,544	82.8%
45～59歳	8,634		55～69歳	7,215	83.6%
60～64歳	2,107		70～74歳	1,481	70.3%
65～69歳	1,590		75～79歳	1,006	63.3%
70歳以上	2,625		80歳以上	1,026	39.1%

注）年齢階層の刻みは「1990年調査」に合わせたものである。

表20　「現住地以外で生まれた者」の年齢階層別来住者（1991年～2000年）

全体	15～19歳	20～29歳	30～39歳	40～49歳	50～59歳	60～69歳	70～79歳	80歳以上
737(人)	34	223	193	101	91	56	31	8
100.0%	4.6%	30.3%	26.2%	13.7%	12.3%	7.6%	4.2%	1.1%

学歴構成

　学歴階層から見た同和地区からの流出者層の推定も、「年齢」と同じ方法を用います。学歴は基本的に経年変化をするものではありません。したがって、今、この10年間に住民の流出入がなかったと仮定すると、「1990年調査」での各年齢階層における学歴構成比率は「2000年大阪府部落問題調査」におけるそれぞれ10歳上の年齢階層の学歴構成比率として再現されるはずです。その比較した結果が表21です。なお実際には、この10年間に亡くなった人や、社会人になってから再入学した人も考えられますが、それらは学歴構成比率の動向に大きな影響をおよぼすほどのものではないと判断します。

表21　年齢階層別学歴構成比較〔1990年調査、2000年大阪府部落問題調査〕

			該当数(人)	不就学	初等教育修了	中等教育修了	短大・高専修了	大学修了
全体	20～59歳	1990年調査	32,643	3.5%	50.2%	34.4%	6.7%	5.2%
	30～69歳	2000年調査	2,560	5.3%	52.7%	31.3%	6.3%	4.4%
年齢階層	20～29歳	1990年調査	8,388	0.1%	20.8%	57.4%	13.7%	8.0%
	30～39歳	2000年調査	600	0.3%	23.7%	57.0%	12.8%	6.2%
	30～39歳	1990年調査	7,130	0.4%	33.7%	45.8%	10.6%	9.5%
	40～49歳	2000年調査	575	0.3%	39.1%	42.1%	9.2%	9.2%
	40～49歳	1990年調査	8,622	2.9%	68.0%	23.7%	2.3%	2.9%
	50～59歳	2000年調査	705	3.4%	69.1%	21.8%	3.3%	2.4%
	50～59歳	1990年調査	8,503	10.0%	74.9%	13.0%	0.9%	1.2%
	60～69歳	2000年調査	680	15.9%	72.8%	9.4%	1.0%	0.9%

注）「1990年調査」の数値は、現住地区における「原住世帯」および「来住世帯」のうち前住地が同和地区であるとした世帯のデータである。そのため、「2000年大阪府部落問題調査」のデータも、「出生地が現住地である者」および「現住地以外の生まれ」であっても前住地が同和地区である者のデータを用いている。

表21において網掛けをした部分は、「1990年調査」の結果から再現されるはずの比率よりも減少しているところです。それは、「短大・高専修了」における一部を除き、「中等教育修了」「短大・高専修了」「大学修了」といった、高卒から大卒にかけての高学歴階層の比率が減少していることを示しています。逆に「不就学」や「初等教育修了」の比率がほとんどの年齢階層において増加しています。この増減は明らかに、比較の「仮定」として除外した10年間の地区住民の流出入の影響であると考えられます。

　さきの「生活実態に見る来住者像」で見たとおり、来住者における学歴構成は原住者のそれより相対的に低いことが示されています。これに加えて、「中等教育修了」（高卒）以上の高い学歴階層の住民が転出していることが示唆されています。このことは、相対的に高い学歴構成をなしている若年階層がより大きな比率で流出しているという「年齢階層から見た流出者層の推定」の結果と符合するものです。

定住意識から見た転出予備軍像

　「2000年大阪府部落問題調査」では、「あなたは、これからもこの地区に住みつづけたいと思いますか」という質問により、地区住民の定住意識を問うています。回答結果は図25のとおりで、「住み続けたい」と回答した人が52.9％、「できれば地区外に引っ越ししたい」が10.2％、「今はまだわからない」が35.4％でした。このうち「できれば地区外に引っ越ししたい」を選んだ回答者を流出予備軍として受けとめ、これらの人びとの特徴を明らかにするなかで、転出者層推定の補完データとして見ることにします。

　表22は、年齢・学歴・年間世帯総収入別に見た定住意識の状況です。このうち、網掛けをしている欄が転出予備軍の階層です。年齢階層では「20～29歳」の17.6％をピークに、「30～39歳」「15～19歳」「40～49歳」の順に高くなっています。学歴階層では、学歴が高いほど転出希望率は高くなっています。また、年間世帯総収入においては、「600～800万円

未満」の転出希望率が14.9%、ついで「400〜600万円未満」が13.9%と高くなっており、中堅所得階層において転出希望が高いことがわかりま

図25　定住意識　〔2000年大阪府部落問題調査〕

- 住み続けたい　52.9%
- 今はまだわからない　35.4%
- できれば地区外に引っ越しいたい　10.2%
- その他・不明　1.5%

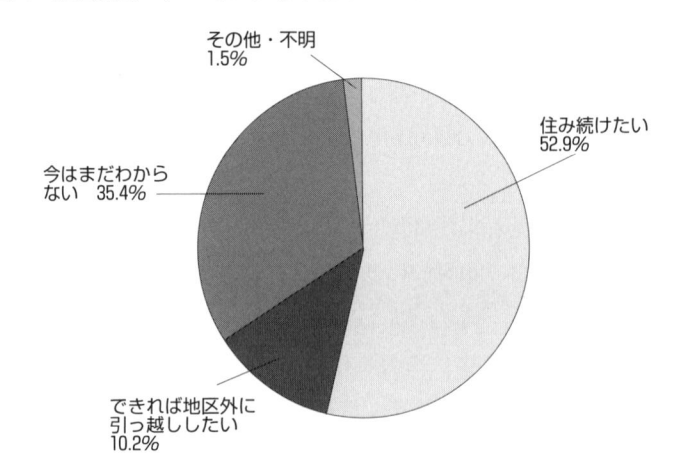

表22　年齢・学歴・年間世帯総収入階層別定住意識〔2000年大阪府部落問題調査〕

		該当数(人)	住み続けたい	できれば地区外に引っ越しいたい	今はまだわからない	その他・不明
全体		7,805	52.9%	10.2%	35.4%	1.5%
年齢階層別	15〜19歳	497	21.1%	13.7%	63.4%	1.8%
	20〜29歳	1,142	22.0%	17.6%	59.2%	1.2%
	30〜39歳	1,122	33.0%	15.5%	50.2%	1.3%
	40〜49歳	1,116	47.8%	11.9%	38.3%	2.0%
	50〜59歳	1,504	61.0%	8.7%	28.9%	1.5%
	60〜69歳	1,403	77.6%	4.6%	16.3%	1.6%
	70歳以上	1,021	84.4%	2.5%	11.8%	1.3%
学歴	中学校まで	4,014	68.9%	6.6%	23.5%	1.0%
	高校まで	2,383	38.9%	14.1%	46.0%	1.1%
	短大以上	875	35.5%	15.1%	47.7%	1.7%
	在学中・不明	533	23.5%	11.8%	58.0%	6.8%
年間世帯総収入	200万円未満	2,482	66.9%	6.3%	25.7%	1.1%
	200〜400万円未満	2,010	50.5%	10.9%	37.0%	1.5%
	400〜600万円未満	1,320	42.0%	13.9%	42.9%	1.1%
	600〜800万円未満	716	43.4%	14.9%	40.6%	1.0%
	800〜1,000万円未満	465	46.5%	9.5%	43.0%	1.1%
	1,000万円以上	484	47.5%	10.3%	41.7%	0.4%
	不明	328	42.4%	11.0%	37.5%	9.1%

す。

部落からの転出者像

部落からの転出者を年齢階層別に見ると、20歳代から30歳代前半にかけての若年層が高い割合で転出しています。また学歴階層では、「中等教育修了」（高卒）以上の高い学歴階層の住民の転出率が高いことが明らかになっています。こうした実態は、「定住意識」において「できれば地区外に引っ越ししたい」という転出予備軍の階層傾向と一致しており、同様の転出傾向が今後も引き続き生じていくことを示唆しています。また転出予備軍の割合が、中堅所得階層において比較的高いことも示されました。

部落の生活実態はまだまだ厳しい状況におかれていますが、そのようななかにおいて、若年階層・高学歴階層・中堅所得階層という生活実態を押し上げる役割を果たす人びとが部落から転出する傾向にあることが調査結果から推定されます。部落というフィールドにおいては、生活に困難を抱えた人びとが滞留していっている様子が浮かび上がっています。部落をめぐる人口移動は単なる住民の入れ替わりにとどまるものではありません。さきに見た来住者像とあわせるとき、「横」の悪循環構造の姿はよりいっそう明確なものとなっています。

3…矛盾の集中を加速させる公営住宅問題

1 公営住宅法の改定

部落の生活実態における悪循環構造を考えるうえで、公営住宅問題は避けることのできない重大な課題です。それは政策的に、社会の矛盾や人権の課題を部落に誘導するものであり、半ば永続的に厳しい生活実態を固定化する社会的装置となっています。

そもそもの発端は、1996年におこなわれた公営住宅法の改正です。こ

れにより、第1種・第2種の区分が廃止され、借り上げ公営住宅や買い上げ公営住宅が可能となるとともに、グループホームとして公営住宅が活用できるようになるなど、多様な形態の公営住宅の供給が可能となりました。問題は、それと同時に導入された応能応益家賃制度です。

応能応益家賃制度とは、入居者の収入によって、家賃が決定されるという仕組みです。これまでは、それぞれの団地ごとに、その広さや築年数などによって一律の家賃が設定されていました。同じ棟の人はみんな同じ家賃だったのです。ところが今後は、同じ団地に入居していても、収入が多い世帯においては家賃も高く設定されるという制度になったのです。

しかも、公営住宅の入居者は、住宅困窮者である低所得世帯を対象とするとの観点から、入居収入基準は収入分位（世帯別の収入ランク）が25％以下（下から4分の1の階層）に属する生活困窮者であることが設定されました。これは政令月収20万円に相当します。これ以上の経済力のある世帯は、基本的に公営住宅の入居対象ではないとされました。ただし例外規定として、50歳以上の高齢者や障害者世帯等の「裁量世帯」においては、収入分位が40％以下までが入居資格として認められています。

こうした基準収入を超え、とりわけ収入分位が50％を超える世帯においては、「近傍同種の民間住宅並みの家賃」となっていくことになりました。結果、同じような条件にある近隣の民間マンションと同じ家賃が設定されていくことになるのです。つまり、こうした世帯にあっては、公営住宅に入居し続ける経済的な魅力はゼロとなり、それなら新しい民間のマンションに移るか、ローンでも組んで購入したほうがむしろ有益であるということになり、転出誘導が進むことになります。

こうして公営住宅地域は、その入り口が低所得者層に限定され、そうでない世帯は住み続けていくことが困難になって「追い出されていく」ことにより、加速度的に生活困難者の集合エリアへと変貌していくのです。

2 部落と公営住宅

　公営住宅法の改正は、部落にとって非常に重大な問題として登場しています。それは、部落の住環境改善の切り札として公営住宅の建設が強力に推進されてきたからです。こうした同和向け公営住宅は、1960年から1988年までだけで60,378戸、改良住宅は40,562戸、小集落改良住宅は21,311戸におよび、その合計は122,260戸に達していることはすでに述べたとおりです。部落の中には、全戸公営住宅や改良住宅によって全面クリアランスされた地区もあるなど、まさに、部落は巨大な公営住宅集中地区へと変貌を遂げてきたのです。

　そこに公営住宅法の改定が降りかかってきました。しかも追い討ちをかけるように、2002年3月に「地対財特法」が失効し、同和対策事業に関する法律がなくなったことを理由に、部落の公営住宅の入居対象者が、地区住民だけではなく市民に広く公募される自治体が増加してきました。

　こうした措置によって、部落の地元の人びとが「ついの住みか」と考えてきた公営住宅に住み続けられなくなるという事態が生まれ始めているのです。一定の生活が安定した層の公営住宅からの転居であり、公共住宅による住環境改善が推進されてきた部落にあっては、それはすなわち部落からの転出に直結するのです。そして残っていくのは、高齢世帯や低所得世帯です。そこに、近隣のあちこちから低所得階層が公営住宅街である部落をめざして来住してくるということが始まります。

　これは単なる杞憂ではありません。図26は、「2000年大阪府部落問題調査」において、この時点で団地に入居している人の世帯総収入と年齢階層のクロス結果をグループ化して図示したものです。円の大きさは、世帯数の多さに比例しています。

　第一は、「収入分位Ⅰ（0.0～10.0％）」「収入分位Ⅱ（10.0～15.0％）」の「公営住宅基準対象層」のグループです。これらの人たちが引き続き入居対象者として認められていくことになります。また新たに入居してくる人びともこの階層の人びとです。

第7章…なぜ部落に矛盾が集中するのか　161

第二は、「収入分位Ⅲ（15.0～20.0％）」「収入分位Ⅳ（20.0～25.0％）」「収入分位Ⅴ（25.0～32.5％）」の世帯で、「移行ボーダー層」のグループとして表示しています。

　第三が「収入分位Ⅵ以上（32.5％以上）」の人びとで、「市場なみ家賃移行対象層」です。これによると、現入居者における「45～54歳」の年齢階層および「400～600万円」の年間世帯総収入階層が多数を占めていることがわかります。これらの世帯は、市場なみ家賃への移行を迫られる対象であり、これまでの同和向け公営住宅における低家賃のメリットが失われていきます。またこれらの階層はさきに見た定住意識においても、「できれば地区外に引っ越ししたい」意識を持っている階層でもあり、若年・中年における中堅所得階層の流出に拍車がかかることが予測されます。そして、それによって生じる空家には、収入分位25％以下の低所

図26　年齢階層別年間世帯総収入別に見た収入分位類型分布（円の数字は世帯数）
〔2000年大阪府部落問題調査〕

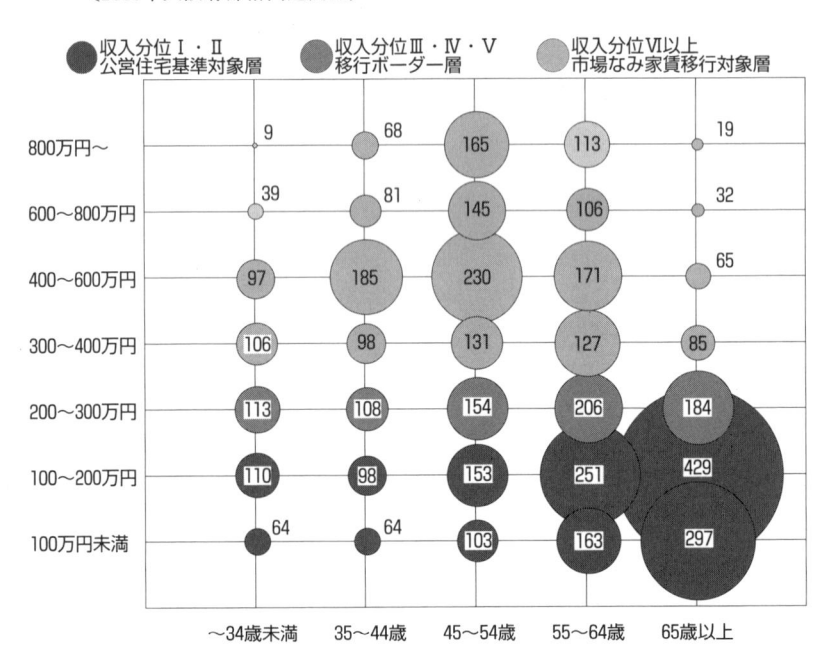

得階層が政策的に誘導されてくるのです。

　国土交通省は2007年12月に「公営住宅法施行令の一部を改正する政令」を公布し、2009年度から入居収入基準を月額20万円から15.8万円に引き下げるなどの改訂を実施しました。これにより、事態はいっそう深刻度を増しています。

　まさに部落は、厳しい生活実態の市民を吸収し、安定層を排出するという「巨大なポンプの役割」を果たしています。そしてそのモーターとして機能しているのが公営住宅なのです。「縦」の悪循環と「横」の悪循環が、公営住宅をめぐるこうした事情によっていっそう加速され、固定化され始めています。

3　重大な社会問題としての公営住宅問題

　低所得者層を吸収し、同時に生活安定層を排出するという公営住宅の仕組みによって、貧困化と高齢化が進行している公営住宅密集地は部落だけではありません。

　同和対策による鉄筋コンクリートの団地が部落に本格的に建設され始めたのは1960年代後半から70年代です。この時期は、池田勇人内閣による「国民所得倍増計画」や田中角栄内閣の「日本列島改造論」に象徴される日本経済の急成長期でした。全国総合開発計画が進み、「千里ニュータウン」をはじめとする大規模なニュータウンが大都市周辺部に建設されていきました。巨大な公営住宅群の出現です。都市型部落における住環境改善の取り組みは、こうした社会開発の反映であり、団地建設によるまちづくりの取り組みの象徴的な存在であったといえます。

　ですから、部落において露呈し始めている公営住宅における「貧困化と高齢化」の問題は、全国の公営住宅団地においても同様に進行しているのです。問題は、部落の場合にはよりいっそう厳しく、早く現象しているということであり、それが「反映」と「集中」ということです。

　国土交通省住環境整備室が、2007年9月6日付で出している「公共賃貸住宅団地における高齢時代に対応した適切なコミュニティバランスの

確保等について」との見解には、そのことが次のとおり表現されています。

　「公営住宅や改良住宅等の公共賃貸住宅において、管理開始時期の古いものを中心に急速に高齢化率が高まっており、今後、その傾向はさらに顕著になることが予想される。(中略) とりわけ短期間に大量の住宅が整備された大規模公共賃貸住宅団地や、同和対策特別措置法等に基づく特別対策の実施により住宅の大部分が公共賃貸住宅によって占められているような地区にあっては、居住者の高齢化と所得が上昇した世帯の地区外転出とが相俟ってコミュニティバランスが崩れ、自治機能や住民相互による見守り機能が低下する等の問題が指摘されている。また、これら団地においては一般に公共賃貸住宅以外の住宅のバラエティがないため、公共賃貸住宅に居住する高齢の親世帯を介護する等のための子世帯が近居を希望しても実現が困難である等の事態も懸念される。(中略) 同和対策特別措置法等に基づく特別対策の実施により住宅の大部分が公共賃貸住宅であるような地区における公共賃貸住宅団地は、適切なコミュニティバランスを維持することが困難になりつつある公共賃貸住宅団地の典型例である (以下略)」(傍点筆者)

　部落の公営住宅問題は、部落だけの問題ではありません。そこには、日本の公営賃貸住宅事業やまちづくり政策が「反映」されており、その功罪が「集中」して表現されています。公営住宅問題に真正面から立ち向かっていく部落のまちづくりの取り組みは、生活実態における悪循環構造への挑戦であると同時に、日本の住宅政策の「試金石」ともいえる大きな意味をもつものとしてあります。

第8章 「関係論」からの提案
部落解放運動の社会貢献

1…小中学校における教科書無償制度の実現

1 「教科書無償法」の成立

> ①部落差別の実態とは、社会に広く存在する矛盾や人権侵害の「反映」である。
> ②それはまた、こうした矛盾や人権侵害の「集中」的な表現である。
> ③部落差別の現実を見つめると、部落の問題がわかる。同時にそこに、社会の矛盾や人権の課題が見えてくる。差別の現実に市民の人権の課題を発見しよう。市民との協働によって、矛盾や人権の課題を抱える社会の現実を変えていこう。部落差別の解消は、部落に対する特別対策によってではなく、こうした社会の変革のなかにこそ展望される。

こうした「関係論」の視点から部落差別の現実をとらえ、差別の根本的な解消を展望した社会変革へのチャレンジは、これまでの部落解放運動の歩みのなかにも、数々の成果を築いてきました。部落解放運動の社会貢献です。本章ではこうした取り組みのなかから五つの象徴的な実践を取り上げて紹介します。これら事例が、「関係論」という差別のとらえ方についての理解の一助になれば幸いです。トップバッターとして取り上げるのは、小中学校における教科書無償化制度の実現です。

1962年3月、国会において「義務教育諸学校の教科用図書の無償に関する法律」(教科書無償法)が成立し、翌1963年12月に「義務教育諸学校の教科用図書の無償措置に関する法律」(無償措置法)が成立しました。両法の成立によって、1964年春に入学した小学校1年生から3年生までに教科書が無償で配布されることになりました。その後無償配布の対象は順次拡大され、1969年には中学3年生へと広がり、小中学校における教科書無償制度の完全実施が実現しました。世代で換算すると、1956年以後に生まれた人は小中学校での教科書は無償となりました。

　1962年の衆議院本会議において、この法案の趣旨説明に立った池田勇人首相は、「……今回、憲法第26条の義務教育を無償にするというこの理想に向かって邁進し、ここに教科書無償配布という大方針を決定したものであります」と述べ、この制度が教育を受ける権利の具体化であることを宣言しています。

　しかし、今日すべての子どもたちが享受している「教科書無償」という制度は、時の流れのなかで自然に実現していったのではありません。この歴史的偉業の背景には、高知市長浜・原地区の部落の親たちの厳しい闘いの歴史が刻まれています。

2　長浜地区小中学校教科書をタダにする会

　長浜・原地区は1959年の当時、戸数672戸、人口3,035人からなる部落でした。地区の子どもたちは、小学校5・6年生にもなれば、家の仕事の手伝いや子守の担い手として重要な生活の支えをなしていました。こうしたなかで当時、「きょうも机にあの子がいない」といわれるような長欠・不就学の実態がつくり出されていたのです。

　原地区では、一時期盛んであった地曳網(じびきあみ)も衰退し、1日の日給が約300円の失業対策事業をはじめとする不安定就労のもとで多くの世帯が厳しい生活を余儀なくされていました。このような状況は高知県内の部落に共通した実態であり、1961年に開催された部落解放同盟高知県連合会第6回定期大会の運動方針にはその様子が次のように描かれています。

「海の部落は不漁続きで全く陸に上がった河童のような状態が生まれている。沿岸漁業の没落は全般的であり見るにたえない貧困を生みだしているが、中でも部落漁民は惨めである。多くは零細な地曳、日傭引き、一本釣、素モグリなどの漁法に頼り、(中略)漁具資本をもたない傭われ人である。しかも賃金は歩合制であるために一円の金も入らない日が続くからである。また多くの零細な網主も没落していっている。こうした生活を海に求めることのできない人びとは畑や田地は殆どなく、すべてを買入れなければならない人なのである。(中略)その生活は全く人間以前の状態に押し込められているところが多い。それだけに失業者として失対事業を求める声は大きい」

　苦しい実態にありながらも、原地区の人びとは、青年学級で部落の歴史を学習するなど活発な活動を展開し、1957年には部落解放同盟長浜支部を結成しました。長浜支部は「勤評反対闘争」や「学力テスト反対行動」などにおいて、教職員組合や地元の学校の先生の取り組みを支え、連帯の絆を固めていきました。
　こうしたなかで開催された1961年２月の第１回南区教育研究集会（教師、親、子ども、民主団体）において、「憲法第26条に明記されたとおり、義務教育は無償であるべきである、従来親が子どもに教科書を買い与えてきたが、それは慣習にすぎず、われわれにその法的義務はない、われわれは憲法の精神にたちかえり、教科書の無償配布を要求しよう」との提案が満場一致で採択されたのです。
　当時の学校は、備品や図書費、さらにはプールの建設や運動場の整備費までが保護者の負担に頼るところが多く、保護者の生活実態が豊かな校区では学校の設備や備品が整備される一方、貧しい部落を抱える学校などでは、教育条件の困難は放置されていました。自分たちのつらい経験を振り返るとき、「子どもたちには満足な教育を受けさせてやりたい」

という親たちの思いは、「せめて教科書だけでも無償配布せよ」との要求へと集約されていったのです。この研究集会を機に、3月7日には「長浜地区小中学校教科書をタダにする会」が結成されました。

3　運動の火は国会へ

「タダにする会」は、教科書無償化に関する賛同の署名を、2,000人の児童生徒のうち1,600人分集めるなど、精力的な取り組みを展開しました。「私たちのこの運動はだれっちゃ後ろ指さされやせん運動じゃ。憲法26条には、ちゃんと"義務教育は無償"と出ちゅう。この闘いは、一番大切な憲法を守る運動ぞね」(「高知新聞」1961年4月4日付)との主張のもと、教育長との交渉を連続しておこない、ついに「憲法の精神にそって教科書をタダで配布せよという要求は原則として正しいことを認める」との見解を勝ち取りました。また、高知市議会も「義務教育課程の教科書無償配布についての意見書」(3月18日)を内閣総理大臣、大蔵大臣、文部大臣に対して提出するにいたりました。

ところが高知市教育委員会は、「無償化の具体的な措置については、一自治体の力では実現できない」と姿勢をひるがえして総辞職し、市長も約束を二転三転するなど混乱のままに新学期を迎えることになりました。「タダにする会」はこうした事態に「教科書不買」の方針で臨み、学校はプリントによる授業でこれに応えました。

これに対して、市は有形無形に教科書不買に参加する保護者の切り崩しを図りました。こうした結果、保護者のなかにも、「長浜地区正規な教育推進の会」が結成され、「あっちには300万おるというが、われわれのほうは9,000万おる」と部落差別を煽る形で「タダにする会」の活動を攻撃する動きも活発化されていきました。文部省も「憲法26条に定められている義務教育無償の原則は、授業料の不徴収をいうもので児童生徒に教科書を無償で支給する法律上の義務を負うものではない」との見解を通達で示し、運動への弾圧を擁護しました。

5月に入り事態がますます困難を極めるなか、市議会革新議員団の幹

旋によって、「準貧困家庭」の認定を拡大し、高知市全体で3倍、長浜地区では5倍の教科書無償枠の拡大を実現して闘いはいったん終結されました。「タダにする会」は、「貧しいから教科書をタダにしてほしい」とお願いしたのではありませんでした。貧しかろうが豊かであろうが、次の日本社会を担う子どもたちの教育費を社会全体で負担するのは当たり前のことであり、日本国憲法で保障された「教育を受ける権利」であると主張したのです。ですから、「準貧困家庭」の認定拡大という措置には基本的に同意できるものではありませんでした。しかし、現場での混乱収拾と子どもたちの利益を最優先させて、苦渋の選択の結果、妥協案を受け入れたのでした。

　しかし、それによって長浜の人びとによって灯された「教科書無償化の灯火（ともしび）」が消されたのではありません。地元では引き続き粘り強い取り組みが展開されていきました。同時にこの闘いは、全国に大きな反響を巻き起こしていきました。それは、被差別部落をはじめとする厳しい生活実態におかれている子どもたちの教育費の問題は、全国各地においても、放置できない社会問題となっていたからです。そしてこの問題は、国政の課題へと高められていきました。それが、教科書無償化2法の制定でした。1961年3月の「長浜地区小中学校教科書をタダにする会」の結成からじつに2年10カ月が経過していました。

　この「タダにする会」の闘いが画期的であったのは、教科書無償の要求を「義務教育の無償」を明記した憲法をたてに、児童生徒の教育権の問題として提起した点にあります。無償化要求の出発点に部落の厳しい生活実態があったことは事実です。しかし長浜の解放運動は、それを部落だけの問題であるとせずに、親たちの苦悩のなかに、憲法に明記された教育権が侵害されている社会の現実を見抜きました。長浜の現実は、教育権が空文句にされている社会の現実の「反映」であり、そうした社会矛盾の「集中」的な現れであることを受けとめたのです。そこに自分たちの要求の正義を受けとめ、それゆえに「部落だけへの特別対策」や貧困対策・福祉対策という「配慮の政策」をよしとしなかったのです。

もちろん、権力は転んでもただでは起きません。実際、教科書無償制度導入の裏には、国定教科書を志向する教科書検定の強化がもくろまれていたことも指摘されています。しかし、部落の親たちの「子どもの教育権」に対する要求が、部落外の親たちと力強いスクラムを組み、憲法に保障された人権実現の闘いとして展開されたパワーこそが、日本の義務教育制度に大変革をもたらしたことは間違いのない事実です（参考文献：『教科書無償』編集委員会編『教科書無償――高知・長浜のたたかい』解放出版社、1996年）。

2 奨学金制度の改革

1 「解放奨学金」制度の創設

　教科書無償化の闘いが義務教育課程における教育権保障の闘いであったとすれば、中等教育・高等教育におけるそれは奨学金問題として取り組まれてきました。すでに取り上げてきたとおり、部落の子どもたちの高校や大学への進学率は極めて低い状況のまま放置されてきました。大阪府内の部落を取り上げれば、1967年の高校進学率は60.7％で、大阪府平均の82.3％を大きく下回っていたのです（図20、本書140頁参照）。

　こうした差別の実態の経済的な背景には、①高額な教育費と受益者負担主義、②社会的な教育支援制度の貧困、③部落の親たちの経済的低位性が横たわっていたことはさきに指摘したとおりです。格差是正をめざした同和行政は、このうち「③部落の親たちの経済的低位性」に照準を当て、「②社会的な教育支援制度の貧困」対策をまずは同和地区に限定した特別対策として実施し、「①高額な教育費の実態と受益者負担主義」の壁を乗り越えようとしたのでした。その具体的施策として登場したのが、同和地区住民に限定した同和対策事業としての「解放奨学金」制度の創設です。

　「解放奨学金」制度は、それまでの奨学金制度の代名詞としてあった

日本育英会奨学金制度の学力偏重主義を改めました。同時に「入学支度金制度」も設けることによって、安心して進学できる条件整備にも努めたのでした。これによって、部落の高校進学率が急速に向上したのは周知のとおりです。さきほどの大阪での数値を取り上げれば、1976年には88.3％にまで達し、大阪府平均の93.9％との差は5.6ポイントにまで接近しました。

2 日本育英会奨学金の改革

　しかし、さきに指摘した部落の進学率問題の経済的背景が、わが国社会の「高額な教育費と受益者負担主義」や「教育支援制度の貧困」「親たちの経済的低位性」にあったとすれば、こうした社会の現実のなかで進学を断念せざるを得ない状況に追い込まれてきたのは、何も部落の子どもたちだけではないことは容易に想像がつきます。つまり、部落における進学率の現実は「部落の進学率問題」だけではなく、「社会の進学率問題」の「反映」であり、その「集中」的な現れとしてあったのです。

　部落解放運動はそのことを早くから受けとめ、「解放奨学金」制度の創設で一件落着とはせず、果敢に「社会の進学率問題」に取りかかっていきました。それが広く市民との共闘のなかで展開した奨学金闘争です。ここではその典型例として、大阪府育英会奨学金に対する改革闘争を紹介します。

　「解放奨学金」が国において制度化された当時の大阪府育英会奨学金は、「志操堅実、学力優秀、身体強健な資質をもちながら、経済的理由により修学が困難な学徒に対し、学資を貸与して教育の機会均等をはかり、国家社会に貢献する有用な人材を育成することを目的」として実施されていました。また出願資格は「大阪府内居住の日本人の子女」で「人物、学業ともに優秀かつ健康であって学資の支弁が困難な者」とされ、学校からの学力推薦基準は「全履修科目において平均した値が3.0以上（日本育英会は4.2以上）であること」とされていました。

　1973年に部落解放同盟大阪府連合会は、大阪府同和教育研究協議会や

大阪市同和教育研究協議会、府・市PTA連絡協議会、総評大阪地評、各市単位教職員組合など二十数団体とともに「大阪府奨学金（育英）制度改善要求実行委員会（翌年「教育改善要求大阪実行委員会」に名称変更）」を結成し、要望活動や交渉を果敢に展開しました。その結果、1974年1月におこなわれた交渉の席上、①成績条項の撤廃、②身体条項の撤廃、③国籍条項の撤廃、という画期的な成果を勝ち取りました。

闘いは全国の仲間とともに日本育英会の奨学金制度の改革へと発展します。そしてついに、1975年3月には日本育英会理事長名による都道府県日本育英会支部長・都道府県教育委員会教育長あての「学力基準の弾力的運用について」と題する通達文が出されました。そこには、「きわめて家計が困難であって、奨学金がなければ修学継続に著しく支障がある者について『向学心に富み学力向上の見込みあり』と学校長が責任をもって判断する者について出願時までの学習成績が学力基準に達していなくても推薦することができることとする」と明記され、学力条項の撤廃に等しい「弾力的運用」を実現しました。

また同年4月には「国籍条項の撤廃」方針が現場に伝えられました。こうしてついに、育英会奨学金が在日外国人の子どもたちにも門戸が開かれたのです。経済的に苦しい状況にある子どもたちが、これによって進学の夢を実現できる可能性が大きく広がったのでした。

3 私立高校生超過学費返還請求訴訟（私学訴訟）

部落の教育実態をつくり出してきた社会的背景にせまる闘いは、奨学金闘争にとどまるものではありません。

1975年8月、関西在住の私立高校生の親36人は、国を相手どって、公立高校に比べて超過して支払っている学費相当額を返還せよとの賠償請求訴訟を起こしました。これがいわゆる私学訴訟です。当時、私立高校の学費は公立高校の学費の数十倍に達していました。同じ高校教育を受けるのに、公立学校では税金の投入によって保護者の負担を少なくしているにもかかわらず、私立学校への公費支援はわずかで、保護者負担が

極端に大きくなるのは不平等であり、教育の機会均等を侵していることへの異議申し立てでした。結果、高校教育を受ける子どもの教育権が侵害されているとし、こうした実態を放置している国の立法、行政施策の不作為責任をただしたのです。

　この訴訟を提起し、先頭に立って市民とともに闘い抜いたのが部落解放同盟でした。裁判は、1980年5月に大阪地裁（荻田健治郎裁判長）で判決が下され、原告らの請求は棄却されました。しかし判決文の中では、「教育を受ける権利」の範疇を国家に対して条件整備を要求する社会的基本権にまで認め、国にはそれを実体化する「法的義務がある」ことを指摘しました。今後に生きる特筆すべき成果です。

4　新たな奨学金制度の確立へ──福岡県での挑戦

　ところで、2002年3月末日をもって同和対策事業にかかわる最後の法律としてあった「地対財特法」が失効しました。これに伴って「解放奨学金」制度も終了することになりました。これは、部落の子どもたちにとって大きな打撃となりました。しかし影響を受けたのは部落の側だけではありません。「解放奨学金」は、「成績条項がないこと」「入学時の支度金制度があること」「返還免除制度があること」「手続きが簡素であること」などを実現したものとして、日本における奨学金制度の「あるべき姿」のモデルの役割を果たしていたからです。

　部落解放同盟をはじめとする市民運動は、何とかその精神を生かした事業を残そうと取り組みを展開し、文部科学省において「高校奨学事業費補助」制度を2002年4月から発足させました。これは、低所得者層に学力の厳しい子どもが集中している現実をふまえて、国にかかわる奨学事業としてははじめて成績条項をはずした制度です。

　部落解放同盟福岡県連合会は、いち早く強力にこの奨学金問題への取り組みを展開しました。「法」期限切れ前年の2001年5月～6月には、同県連北九州地区協議会が部落の中学生および、解放奨学金を受給している高校生、短大生、大学生と保護者505組に聞き取り調査をおこない、

奨学金を必要とする現実や「成績と家庭の経済状況とのかかわり」などを丁寧に把握しました。

　こうして把握された実態を国に突きつけ、子どもや親たち自身の学習会を積み重ね、さらには精力的な関係機関への働きかけを果敢に展開するなかで、文部科学省の「高校奨学事業費補助」制度を利用して、それまでの福岡県奨学会による奨学金制度を大きく改善することに成功したのです。その結果、①従来380人の採用枠は新規分から1,868人に拡大し、②入学支度金制度を創設、③2人必要であった保証人を1人とし、しかも保証人の収入要件は問わずに保護者でも可となりました。

　さらに今度は、国の方針により、2005年度から日本育英会の高校奨学金制度が地方移管されることになりました。しかも移管後は、制度内容については地方の裁量が尊重されることになったのです。部落解放同盟福岡県連は「これは奨学金制度をさらに充実させるチャンスである」ととらえ、多くの仲間とともに奨学金改革要求の闘いを繰り広げました。そして県民署名運動を開始し、2003年8月からわずか5カ月の間に、682の団体署名、12,583人分の個人署名を獲得したのです。

　こうした取り組みのなかでついに、従来の福岡県奨学会による奨学金制度と日本育英会による奨学金制度を合流させた、①成績条項なし、②保証人1人（収入要件なし、保護者で可）、③受給枠11,400人程度の、新たな福岡県教育文化奨学財団奨学金制度をつくり上げたのです。「解放奨学金」制度が切り開いた成果を、部落解放運動と市民との協働のなかで拡大し、社会的な教育支援制度を大きく変革させたのです。**表23-1〜2**は、福岡県におけるこうした奨学金制度の改革・発展をまとめたものです。

　そしてもう一つ、奨学金問題にかかわる福岡における取り組みには特筆すべき実践があります。それは、「奨学金教育」が目的意識的に展開されていることです。子どもの教育費を「お上から借りる」ことへの抵抗感はまだまだ払拭されていません。また、制度の周知も不十分です。こうした現実を前に、「奨学金学習会」を精力的に開催し、奨学金の活

表23-1 福岡県における奨学金制度の比較

区分		日本育英会	現行奨学金事業	移管後の奨学金事業	移管後事業の考え方
事業主体		日本育英会	(財)福岡県奨学会	(財)福岡県教育文化奨学財団	○財団のノウハウの活用 ○スケールメリットを生かした事務の効率化
貸与基準	対象者	○県内に所在する高等学校に在学するもの	○保護者が県内に居住するもの	○保護者が県内に居住するもの	○国の指示による
	対象校種	○高等学校 ○中等教育学校後期課程 ○特殊教育諸学校高等部 ○高等専門学校 ○専修学校高等課程	○高等学校 ○中等教育学校後期課程 ○高等専門学校	○高等学校 ○中等教育学校後期課程 ○特殊教育諸学校高等部 ○高等専門学校 ○専修学校高等課程	○これまでの奨学金の対象を踏襲する
	収入基準	主たる家計支持者の収入が、790万円以下（4人世帯）（生活保護の2.4倍相当）	世帯全員の所得額の合計が、生活保護の1.5倍以下（4人世帯換算で約490万円）	世帯全員の所得額の合計が、生活保護の2.4倍以下	○予算の範囲内で、経済的困窮度の高いものから順次採用する ○生活保護の1.5倍以下の者については全員採用する
	学力基準	○予約採用：3.5以上 ○在学採用：3.0以上	なし	なし	○進学希望者の進路選択を保障し学習の機会均等を図る
実施規模（3学年）		5,700名程度	5,700名程度	11,400名程度を目処	○従来の奨学金事業の貸与規模を維持する
申請方式		○予約採用（新1年生対象） ○在学採用（2、3年生も申請可） ○緊急採用	○予約採用（新1年生対象） ※募集は予約のみ	○予約採用（新1年生で、且つ生活保護の1.5倍以下を対象） ○在学採用（2、3年生も申請可） ○緊急採用	○予約・緊急採用を実施することは国の指示 ○予約採用は、特に経済的困窮度の高いものについて、安んじて進学準備ができるように配慮するため、1.5倍以下とする
貸与利息		無利子	無利子	無利子	○国庫補助要綱による基準であり、遵守しなければならない
貸与期間		標準修業年限（留年は停止）	標準修業年限（留年は停止）	標準修業年限（留年は停止）	○国庫補助要綱による基準であり、遵守しなければならない
貸与単価	区分	公立／私立	公立／私立	公立／私立	○国庫補助要綱による基準であり、遵守しなければならない
	自宅	18,000円／30,000円	18,000円／30,000円	18,000円／30,000円	
	自宅外	23,000円／35,000円	23,000円／35,000円	23,000円／35,000円	
保証人		2人	1人	1人	○できる限り貸与しやすいものとなるよう利便性の向上を図る
返還免除	死亡	全額	全額	全額	○国庫補助要綱による基準であり、遵守しなければならない
	障害	全額・一部	全額・一部	全額・一部	
	所在不明	なし	なし	なし	
	経済的困窮	なし	なし	なし	
	その他		会長が必要と認めるとき	会長が必要と認めるとき	
返還猶予		学校に在学 やむを得ない理由	学校に在学 やむを得ない理由	学校に在学 やむを得ない理由	○国の指示による ○国庫補助要綱による基準であり、遵守しなければならない
返還期間		公立9年／私立12年	公立9年／私立12年	公立9年／私立12年	○これまでの制度を踏襲する
取り扱い金融機関		都市銀行　地方銀行　信託銀行　第二地方銀行　信用金庫　労働金庫　郵便局	福岡銀行のみ	取り扱い銀行については、05年度までに方針を検討	○現行奨学金制度よりも利便性の向上を図る ○取り扱い銀行の拡大は事務費の増加を伴うため、今後研究する
割賦方法		年賦／半年賦／月賦　併用可	年賦／半年賦	年賦／半年賦／月賦　併用可	○現行奨学金制度よりも利便性の向上を図る

表23-2　入学支度金制度

区分		日本育英会	(財)福岡県奨学会	(財)福岡県教育文化奨学財団	考え方
貸与基準	対象者	制度なし	○保護者が県内に居住するもの	○保護者が県内に居住するもの	○従来から実施しているところであり、移管後も同規模で実施する
	対象校種		○高等学校 ○中等教育学校後期課程 ○高等専門学校	○高等学校 ○中等教育学校後期課程 ○高等専門学校	
	収入基準		世帯全員の所得額の合計が、生活保護の1.0倍以下	世帯全員の所得額の合計が、生活保護の1.0倍以下	
	学力基準		なし	なし	
実施規模			1,837人（新1年生のみ）	1,837人（新1年生のみ）	
申請方式			予約採用（新入学時のみ募集）	予約採用（新入学時のみ募集）	
貸与利息			無利子	無利子	
貸与単価	公立		50,000円	50,000円	
	私立		100,000円	100,000円	

出典：『部落解放』541号、2004年11月号

用は教育を受ける権利の行使であるとの権利意識を徹底するとともに、各種制度の活用方法などをわかりやすくまとめた「奨学金ハンドブック」を作成して、子どもや保護者自身が権利の主体として奨学金を利用していくことを支援する取り組みを本格的に開始しています。

　部落の進路実態が提起した奨学金の取り組みは、日本育英会奨学金制度を改革し、さらに福岡での取り組みに見られるように、いっそう広く、市民が利用できるものへと高められました。この取り組みは今日なお、全国各地において現在進行形です。

3…就職差別撤廃への歩み

1　野放しの就職差別

　部落差別の現実から出発し、人権の視点に立った社会変革をめざした部落解放運動において、労働の分野において特筆すべき成果は「統一応募用紙」の策定といえるでしょう。

　まずは、〈資料１〉として掲載した「身上調査表」をご覧ください。これは1970年前半、実際に使用されていたＡ社の採用選考にかかわる応募書類です。当時はこうした応募書類を各社が自由に作成していたた

〈資料1〉身上調査表

㊙ 身上調査表　　※具体的に、詳細明瞭に自筆で記入してください。

応募者	大学　　学部　　学科 高等学校　科　コース 昭和　年　月　日生（満　才）	フリガナ 氏名	男・女

性格 ※自分で判断して該当すると思われる線上に▼印を記入して下さい。	神経質	他人のいうことを全然気にしない。				他人のいうことを気にしすぎる。
	自己充足	他人と行動してのみ満足することができる。				自分一人で行動して十分満足できる。
	内向外向	非常に外向的である。				非常に内向的である。
	支配服従	人に誘われたり勧められると嫌といえず自己を主張しない。				何事をするにもリーダー格になりたがる。
	自信	強い自信がある。				自信なく、不安、劣等感をいだく。
	社交性	非常に社交的である。				非常に非社交的で孤独である。

長所は何ですか。		短所は何ですか。	
信条		どの様な本を好んで読みますか。	
尊敬する人物及びその理由	（人物） （理由）	最近の出来事で最も興味を持ったもの及びその理由	（出来事） （理由）
信仰する宗教 （具体的に）	（自己）　　（家） 　　　　宗　　　　　宗	宗教についてどう考えますか。	
趣味・娯楽		嗜好	
学科	（好きな学科） （嫌いな学科）	（得意な学科） （不得意な学科）	
ゼミナール （大学生のみ）	（教授名）	（専攻科目）	
運動 ※該当の所を○で囲んで下さい。	（種目）	（選手経験） 有　無　大学　高校　中学 有　無　大学　高校　中学	（出場大会名、記録等）
友人 ※該当すると思われる番号を○で囲んで下さい。	交際範囲	1. 誰とでも交際し、非常に広い。　2. 一定の人々と交際し、そう広くはない。 3. 極く限られた少数の人とのみ交際する。	
	親友	（氏名）　　（年令）　　（住所） 1. 2.	
学校内外で加盟しているクラブ及び団体	（クラブ名・団体名）　　（役名）　　（期間）		
表彰	（表彰名とその表彰内容）　　　（受彰年月日）		
既往症	（病名）　（罹病年令）　（治療期間）	現在の健康状態	
当社志望の動機と理由			

身上調査表(1)　　　　　□□□□□□会社

本人との続柄		氏　名	満年令才	職　業			
				職業　※職業職名職権等具体的に記入して下さい	勤務先住所	勤続年数	月平均収入 万　千円
父	実						
	養						
	継						
母	実						
	養						
	継						
兄弟姉妹							
その他							

※1．父母については、実、養、継の該当の箇所を○で囲み、それぞれについて記入して下さい。
※2．兄姉の配偶者についても記入し、続柄に、義兄、義姉のように記入してください。

資　産	(動産)
	時　価　約　　　　　　　万円
	内　訳 ｛ 家　財　家　具　　　　　　預金・有価証券　　　　　　そ　の　他
	(不動産)
	時　価　約　　　　　　　万円
	内　訳 ｛ 建　　物　　　㎡　時価　　　　万円　　　宅　　地　　　㎡　時価　　　　万円　　　田　　　　　　㎡　時価　　　　万円　　　山　　林　　　㎡　時価　　　　万円　　　そ　の　他　　㎡　時価　　　　万円

身上調査表(2)

前 職 業	卒 業 学 校 ※在学の場合は○○学校○○科○○学年在学中と具体的に記入して下さい。	健　　康		死亡年令	死亡年月 昭和　年　月	死亡原因 ※病名等具体的に記入して下さい。	現 住 所 ※同居の場合は同居と記入して下さい。※何其方・同齢内まで記入して下さい。
		健否 (病名)	既 住 症				

※3．死亡された方についても生前の職業、学歴を記入して下さい。

父母の住居 ※該当を○で囲み……に記入して下さい。	(住居区分)　自家所有家屋　　借家　　間借　　社宅　　アパート　　寮 ＿＿＿＿＿室　＿＿＿＿＿畳　家賃＿＿＿＿＿円 (現住所の居住年数)満＿＿＿＿＿年　※満2年未満の場合は前住所を記入して下さい。 (前　住　所) (近隣との交際状況)　1. 親しく交際する　2. あまり親しく交際しない　3. 交際しない (近隣の懇意な家庭)　1.＿＿＿＿＿　2.＿＿＿＿＿

身上調査表(3)

(父母現住所)	(応募者現住所)
もより交通機関　　線　　駅より徒歩　分 （略　図）	もより交通機関　　線　　駅より徒歩　分 （略　図）※父母と同居の場合はこの欄には 　　　　　同居とのみ記入して下さい

北
↑

※略図にもより駅を基点とし、さらに路順中目標があれば詳細記入して下さい。

保証人候補 ※親権者及び当社職員を除きます。	（氏　　名）　（年令）　（間柄）　（職業※具体的に詳細に）　（住　　所）
他の応募先 ※学校推薦でないものには○印して下さい	（第1志望）　　（第2志望）　　（第3志望） （応募先名） （選考予定日）
応募者として、特に説明しておきたいこと。	
連絡先	フリガナ （電話）　自宅・呼出　　　　　局（　　）　　　番

本身上調査表は昭和　　年　　月　　日現在に記入し、その記載事項は事実と相違有りません。

氏　名　　　　　㊞

身上調査書(4)

め「社用紙」と呼んでいました。

　問題点を指摘し始めるときりがありませんが、とりわけ2ページにわたる「家族欄」は、今日の感覚からすれば信じられないような項目のオンパレードです。両親について「実・養・継」の別を書かせ、兄弟姉妹の配偶者まで記述するように注意書きをしたうえ、それぞれの人について「勤務先」「月収」「前職業」「卒業学校」「既往症」「死亡の場合の年齢や原因」などを詳細に尋ね、さらに「資産」を動産と不動産に分けて明らかにさせ、父母の「住居区分（自家所有家屋、借家、間借、社宅、アパート、寮の別）」や居住室数、畳数、家賃、さらには近隣との交際状況や懇意な家庭まで記入を求めています。そして、父母住所と応募者住所の略図を書かせたうえ、「保証人」には職業まで詳細に明らかにさせる念の入れようです。もちろん本人についても「信仰する宗教」や「友人の氏名・年齢・住所」など差別につながるおそれのある問題事項を数多く聞いています。にもかかわらず、なんと「当社志望の動機と理由」に関してはたった1行の空欄しかないのです。

　これは特別にひどい実例ではありません。当時の「社用紙」の状況はおおむねこうした内容のものであったのであり、企業の新入社員にもとめる評価基準がそこにくっきりと表現されています。1969年に身上調書によって部落出身生徒を不合格にしたB信用金庫のC理事長は、同社に対する抗議に対して『広島経済レポート』での「私の週間日記」なる記事の中で次のように述べています。

　　「今朝の新聞を見て驚いた。当庫が同和地区を差別したような記事が載っている。何たることだと遺憾に思った。（中略）信用の維持には万全を期し、謙虚な人材を採用せんとするのは当然である。従ってよい人材を集めるためには応募者から詳細な身上調書を書いて頂く。（中略）私たちは、法を守るために言論暴力に屈してはならないと決心した。世の中の紳士、淑女の正しい判断をお願いする」

差別選考をしておきながら居直り、しかもそれを公表する厚顔無恥な姿勢や、それを堂々と掲載する業界紙の態度に当時の状況が如実に映し出されています。

2 「差別だ」と見抜いた部落解放運動

もちろん就職における露骨な部落差別事件は頻発していました。しかし部落解放運動は、そうした個々の就職差別事件だけではなく、「このような社用紙の内容そのものが差別である」と見抜きました。

社用紙には、どこにも「部落出身者か否か」を問う項目はありません。「部落出身者お断り」という表示もありません。しかし、「親の職業や学歴」「家の居住実態」など、求められる記入項目を正直に書き進めていけば、明らかに不採用にしかならない差別の実態が応募者の背景に存在していたのです。部落の多くの子どもたちは、「社用紙」を前にぼう然と立ちつくし、応募すらできないままに「安定した企業」から、結果として排除されていきました。今でいう「間接差別」を解放運動はこのときすでに世に問うたのです。

しかもそれは、部落差別だけでありません。部落の子どもたちを襲っていた就職の困難は、母子家庭、外国人、障害者、家族に障害者がいる家庭、経済的に困窮な家庭など、さまざまな厳しい状況を抱えた子どもたちにも被害をもたらしており、同じように、こうした社用紙を通じて自動的にはねつけられていたのです。部落解放運動は社用紙を「差別社用紙」と規定し、日本企業の採用選考システムの差別性を告発し、世に問うたのでした。

3 統一応募用紙の策定から職業選択の自由獲得へ

部落解放運動と全国同和教育研究協議会（全同教）は力を合わせてこの現実に挑戦し、1973年には差別につながる事項を排除した応募用紙の策定を勝ち取りました。それが、新規高校卒業者向けの「全国統一応募用紙」と呼ばれるものであり、新規中学卒業者においては「職業相談票」

の改正として実現されました。同年、一部に身元調査さえ実施していた人事院も、国家公務員採用試験の改善をおこないました。

「全国統一応募用紙」の趣旨は面接試験の内容や提出書類のチェックへと敷衍され、1974年にはJIS規格の市販の履歴書も大きく改められました。また労働基準法にその備え付けが定められている「労働者名簿」についても、1975年からは本籍地の記入が都道府県までとなりました。こうした取り組みの結果生まれたのが、現在使用されている市販の履歴書〈**資料2**〉です。〈資料1〉と比べるとき、その大きな変化にこの間の取り組みの成果が実っていることがわかります。

ところが就職差別撤廃のこうした努力をあざ笑うかのように、1975年12月に、部落の所在地一覧を収録した差別図書を多くの企業が購入し活用している事実が明るみに出ました。「部落地名総鑑」差別事件です。就職における企業の差別は、応募用紙という「入り口における書類の様式だけの問題」だけではなかったのです。部落解放運動はこの事件を「部落地名総鑑」を購入した個別企業の問題ととらえるのではなく、日本の多くの企業が組織の隅々にまではびこらせている差別体質が根底にあることを見抜き、共闘の仲間とともに大衆的な糾弾闘争を展開しました。

こうした取り組みのなかから生まれたのが、1977年の企業内同和問題推進員制度（現在の公正採用選考人権啓発推進員制度）です。これによって、一定規模以上のすべての事業所に「推進員」が設置され、人権尊重の視点で採用選考をおこない、社員に対する人権研修を推進していくことが求められることになりました。

また、部落問題の解決や人権尊重を目的意識的に追求する企業の自主的な組織も各地に誕生し、活発な活動を展開しています。もちろんこれですべてが解決したわけではありません。就職差別事件はなお後を絶っておらず、統一応募用紙の趣旨に違反する行為もまだまだ残されています。しかし就職における人権保障の取り組みはこれを契機に大きく前進することになったのです。

さらに、1999年には職業安定法が改正され、第5条の4「求職者等の

〈資料2〉現在使用されている市販の履歴書

履 歴 書

　　　　　　　　　　　　　年　　月　　日現在

写真をはる位置

写真をはる必要がある場合
1. 縦 36 ～ 40 mm
　　横 24 ～ 30 mm
2. 本人単身胸から上
3. 裏面のりづけ

ふりがな			※男・女
氏　名			印

生年月日　　　　年　　月　　日生　（満　　歳）

ふりがな	
現住所 〒	
電話など	

ふりがな	
連絡先 〒	（現住所以外に連絡を希望する場合のみ記入）　方
電話など	

年	月	学歴・職歴（各別にまとめて書く）

記入上の注意　1.鉛筆以外の黒又は青の筆記具で記入。　2.文字はくずさず正確に書く。
　　　　　　　3.※印のところは、該当するものを○で囲む。

年　月	免　許　・　資　格

得意な科目・分野	自覚している性格

スポーツ・クラブ活動・文化活動などの体験から得たもの	特技、アピールポイントなど

志望の動機

本人希望記入欄(特に給料・職種・勤務時間・勤務地・その他についての希望などがあれば記入)

通勤時間	扶養家族数	配偶者	配偶者の扶養義務
約　　時間　　分	（配偶者を除く）　　人	※ 有 ・ 無	※ 有 ・ 無

リサイクルペーパーを使用しております。

個人情報の取扱い」および第48条「指針」の規定に基づいて、労働大臣指針（労働省告示第141号）を示し、「求職者等の個人情報の取り扱い」において「イ　人種、民族、社会的身分、門地、本籍、出生地その他社会的差別の原因となる恐れのある事項、ロ　思想および信条、ハ　労働組合への加入状況」については、個人情報を収集してはならないことを規定しました。これにより、「統一応募用紙」をはじめとするこの間の取り組みの内容が法的に裏付けられることになりました。

　部落の子どもたちを排除してきた就職差別の壁は、日本の差別的な雇用慣行の象徴としてありました。その同じ壁によって、困難を抱えた多くの人びとがはねつけられてきたのです。「私を見て判断してください！」という叫びを発した果敢な挑戦は、日本における採用選考スタイルを大変革し、多くの求職者を救ってきました。部落問題から出発した就職差別撤廃の取り組みは、すべての人びとの働く権利を保障する社会建設に大きく貢献してきた歩みとして刻まれています（参考文献：部落解放研究所編『就職差別NO！』解放出版社、1995年）。

4…地域就労支援事業の創設

1　地域就労支援事業とは

　「地対財特法」が期限切れを迎えた2002年度から、大阪府において「地域就労支援事業」という、少し聞きなれない事業が開始されました。この事業は、①さまざまな就労阻害要因を抱える就職困難者（障害者、一人親家庭の親、同和地区住民、中高年齢者、外国人など）を対象に、②市町村が地域就労支援センターを開設し、③そこに地域就労支援コーディネーターを配置し、④相談者の就労実現へのサポートプランを作成し、⑤市町村の総合力や民間企業、ハローワークなどの協力により取り組みを展開する、⑥ワンストップの総合的な就労支援活動です。

　少し長くなりますが、そのイメージをお伝えするために、(社)おおさ

か人材雇用開発人権センター編『おおさか仕事探し──地域就労支援事業』（解放出版社、2005年）での拙稿「『まち』が『仕事』で動き出す」で取り上げた八尾市の地域就労支援コーディネーター（当時）の藤本高美さんの報告を再掲します。

なんかいい仕事ないですか？

「なんかいい仕事ないですか？」。「こういうところがあるのよ」って友人に紹介されて、地域就労支援センターへ来られたNさんの最初の問いかけです。Nさんは中学を卒業したあと、美容師の免許を取り、結婚と同時に大阪のほうにやって来られたのですが、やがて夫と離別。美容院を何カ所か回り、相談にこられた時には八尾市内の美容院で3年くらい働いていました。

ところがそこの経営がしんどい状態になり、「店を閉めたい。ただし、もしあなたがこの店をやっていってくれるなら500万円で権利を譲る」とオーナーにもちかけられた。自分自身も筒いっぱいの生活をしているということで500万円を段取りするってことはできない。いろんな融資制度をあたってみたけれども、保証人っていうところで母子家庭の母親っていうことでなかなかうまくいかない。結局、オーナーの申し出を断ったところ、逆にうらまれて、離職票も書いてもらえないというややこしい状況になっていたのです。とりあえず離職票が必要だということで、職業安定所に同行して相談をするなど、職安との連携のなかでとにかくこの件は進めていきました。

家族の悩みが重くのしかかって

そんななかでNさんは、自分の生活のこと、家庭のことも話し出すわけです。上の女の子が当時17歳で高校3年生。不登校っていうか、要は彼氏ができて妊娠している。「私自身は中卒で、通信教育で美容師の免許を取得した。今は高校を出ないと資格も取れない。

何とか卒業させたい」とＮさんは願うのですが、学校からは自主退学を勧められ、非常に困っていました。姉の下に、高校１年生の双子の男の子がいるのですが、一人は工業高校に行ってるんですけど、いじめにあって不登校になっていた。もう一人の子は職業訓練校に通っているのですが、その子も訓練校のなかでいじめにあって辞めてしまっている。自分の仕事の悩み、生活の悩みだけでなく、家族の悩みが重くのしかかっているということが面談を繰り返しおこなっていくなかでわかってくるわけです。

　Ｎさん自身の再就職は、もう40歳くらいになると、美容院は若い子を雇う傾向にあるのでなかなかむずかしい。そこで福祉関係の仕事に行ってみたいって本人自身が言い出すのですが、その分野でこの人が生計をたてるというのは非常にむずかしいと僕は思いました。せっかく20年の美容師の技術があるのだから、それを生かしていくほうがきっといいだろうって。

そうしないと就労問題にたどり着かないのです

　そうこうしているうちに、収入が途絶えているのですからたちまち生活が困窮するわけです。つなぎの仕事とかがあればいいんですけども、要は６万円の家賃を払っていました。子どものことにも結構お金がかかる。それでたちまちしんどい状況に。取り組みは、生活の相談にも入っていくわけですね。就労へ結びつけるための「一時期の生活相談や子育ての相談」にも広がっていくわけです。そうしないとＮさんの就労問題にたどり着かないのです。

　当座の生活費のことでＮさんは母親や兄貴のところに泣きつきにいくのですが一時的なことにしかならない。結局この時点でのＮさんへの「支援メニュー」は、悲しいかな生活保護ということになっていくんですよね。しかしまだ若いからなかなか生活保護っていうのがうまくいかない。そこで期間を区切って、３カ月なんとかみてほしいっていうことで市の生活保護課の人たちと協議をして何とか

クリアした。少しだけゆっくりと、自分の生活とか将来のこととか子どもの将来のこととかを考える時間が、Nさんにはどうしても必要に思えた。とりあえず「明日はどうする」って生活費のことを考えなくてよいような状況をつくってあげたらいいんじゃないかっていうことで取り組んだのです。

家族でこの局面をなんとか乗り越えやなあかん
　その後、やはりまずくるのは、妊娠している長女の相談。とりあえず娘さんとはゆっくり話し合ったほうがいいですねっていうことで、娘さんの彼氏と三者で話し合い、せっかく授かった子やから自分たちでしっかり育てたいていうことで学校を自主退学する方向になるんです。
　次は、学校に行っていない息子の相談。工業高校に通っている子は、本人自身は非常に学校に行きたいっていう意欲をもっているので、留年してでもいいから学年の環境を変えて、もう一回再スタートきるっていう方法はどうやろかって話を進めていきました。
　もう一人の子がね、これがちょっと困ったんですけども、いじめを受けたことで外に出るのが怖いって引きこもりになっていくんです。なんとか外に出せるような環境をつくっていかなあかんということで、西郡地区にあります「高齢者生きがい事業団」に兄弟で参加して、お年寄りと一緒に草を刈ったりとか体を動かすことを僕は勧めていきました。これが結構よかったみたいで。仕事の中身がいいとかじゃなしに、西郡地域の高齢者の温かさに触れたりとか、汗をかいてお金をもらうその対価のありがたさとかいうものを教えてもらったりとか、昼ごはん一緒に食べたりとかしながら、少しずつ自分の心を事業団の人たちに開きだしていく。「兄ちゃんたち将来あんねんから、学校行って頑張ってお母さん一人やねんから幸せにしたらなあかんで」などと人生の先輩から言ってもらうことによって、自分のモチベーションが上がっていったようです。「家族でこ

の局面をなんとか乗り越えやなあかん」っていう、子どもながらにそういうことを思ってくるんですね。

　職安とは早くから連携してましたから、訓練校を辞めた子のほうに対しては若年者雇用に積極的な企業の紹介をしてもらうわけですね。そしてそこに就職も決まる。工業高校の子も学年の環境を変えて、留年っていう形で新たに学校に行きだしました。

地域就労支援活動のやりがいとむずかしさ
　同時にお母さん自身も何カ所か面接にトライして、やがて一週間に1回くらいは腕を見るっていう形で土日だけの勤務を3～4カ月続けていたんですが、本雇いになるっていう非常にいい展開になりました。結果的にこれは成功例となりましたが、僕はずっとかかわってきて、「地域就労やからできた部分やなあ」とつくづく感じています。

　もしこんなに何回も何回も、気軽に仕事のことを相談できるところがなかったらどうなっていたんだろう。自分の仕事のことだけではなく、生活のことや家族のことなど本当にいろいろと相談できるところがなかったら、そしてかかえている一つひとつの課題について縦割りの行政窓口をたらい回しにされていたら、どうなっていったんだろうって思うんです。

　今回のことでは、職業安定所と市の生活福祉の協働っていうか地域就労の取り組みを理解してくれたその連携が非常に力を発揮してくれました。もうひとつ忘れてはならないのは、西郡地区の高齢者生きがい事業団のおばあちゃん、おじいちゃんたちという地域の人たちの後押しです。西郡という同和地区のなかで育まれてきたやさしさとぬくもりも、かけがえのない支えとなりました。地域就労支援活動のやりがいと同時にそのむずかしさをつくづく考えさせられたケースでした。

Nさんの仕事の問題だけを切り取って「相談」にのるのではなく、Nさんの仕事の問題がうまくいくように、Nさんの抱えている課題を丸ごと受けとめ、一つひとつについて「横断的な行政の支援」や地域の力なども借りながら丁寧に乗り越えていき、安心して仕事をやっていける状態をめざした取り組みをコーディネートし、支援していくという、この事業の醍醐味を理解していただければうれしいです。

2 「失業者にもなれない失業者」の発見──部落解放運動の面目躍如

　地域就労支援事業は、部落解放運動が提起し、同和行政の発展のなかから創造された施策です。

　部落解放運動は厳しい部落の労働実態を指して、「差別は、部落の人びとに対して、失業者になる市民的権利も奪っている」と表現しました。それは、失業保険が適応されない不安定な働き方や、失業保険制度すら整備していない劣悪な職場で働く部落の人びとにあっては、仕事にあぶれても「離職票」も出ず、失業保険の給付金もないという「労働行政認定の失業者」になれる状況にはなかったことを語っています。その結果、不安定な就労実態が繰り返されていくという悪循環のもとで、部落の就労実態は劣悪なまま放置されてきたのです。

　同和行政はこうした悪循環にメスを入れるため、部落に対する巡回職業相談活動を開始し、職業相談員を派遣するとともに、職業安定促進講習事業の創設による技能習得の奨励など、当事者の実態に合わせた就労支援活動を同和対策事業として実施しました。しかし、その同和対策事業が2002年3月に終了することになったのです。

　そのとき部落解放運動は、「失業者にもなれない失業者」はじつは部落だけではなく、私たちの街のそこかしこにもたくさんいることを発見したのです。例えば障害者です。差別の中で一度も雇用された経験のない障害者にとって、そもそも「失う仕事」すらないのです。母子家庭のお母さんも同じです。それまで専業主婦であった場合、求職者であっても失業者としては認定されません。ニートと呼ばれる就労経験のない若

者やホームレスの人びとにおいても同様です。また、外国人労働者にあっては、雇用保険の適応をごまかされていたり、離職票を出してもらえない働き方を余儀なくされている人びとが多くいます。

　国の雇用対策は基本的に失業者を対象にしたものです。その結果諸施策は、これら「失業者にもなれない」困難を抱えた市民の上を素通りしていました。そのことに気づいた部落解放運動は、同和対策事業で展開されてきた就労支援の経験を、就職困難者にも広げることを提案し実現したのです。それが地域就労支援事業です。

3　就労阻害要因の克服をめざして

　大阪における地域就労支援事業の創設を支えたもう一つの要因に、2000年4月の地方分権推進一括法の施行に伴う地方自治法の改正や、雇用対策法の改正があります。これにより「地方公共団体は、国の施策と相まって、当該地域の実情に応じ、雇用に関する必要な施策を講じるように努めなければならない」（雇用対策法第5条）とされました。地方公共団体が市民の雇用行政を担う時代の幕開けであり、地域就労支援事業という部落解放運動からの提案は、この社会の流れと合致し、具体化するものでした。その後大阪府においては、一部制度変更がなされていますが、就職困難者への支援行政は府内のすべての市町村において脈々と展開されています。

　ところで、一定の実績を積み重ねてきた地域就労支援事業は、また新たな発展へのチャレンジを始めています。それが、就職困難者における就労阻害要因の抽出であり、その克服に向けた取り組みへの構築です。

　就職困難者という人（階層）を対象にした取り組みの実績と経験は、これら人びとを就職困難者にしている社会的背景を次第に浮き彫りにし始めました。例えば「八尾市地域就労支援基本計画（後期）」（2009年3月）では、「就労阻害要因の類型化（体系化）と具体策の検討」の項を起こし、①制約（労働条件の制約にかかわる要因）、②意欲（職業観・就労意識にかかわる要因）、③能力（職業能力やキャリア形成にかかわる要因）、④環境（労働関係機

関の未整備にかかわる要因）などを取り上げて、その克服に向けた関係各課の課題を具体的に提示しています。

部落の人びとに対する特別対策から、就職困難者への就労支援対策へ、そして社会的な就労阻害要因の抽出と改革を通じてすべての市民の働く権利の保障へと、部落からの安定就労問題への提案は、大きな螺旋を描きながら上昇し続けています。

5…個人情報の保護

1 後を絶たない結婚差別の悲劇

「関係論」の視点から、部落解放運動が果たしてきた人権社会建設への貢献を教育や労働の分野から具体例を示してきました。最後に、こうした生活実態の分野ではない、差別事件からの社会変革についての実例を取り上げておきます。それが結婚差別です。

1982年に『明子の愛そして』という人権啓発映画が制作されました。映画のなかで、主人公の明子さんの身に降りかかる出来事は、熊本県の被差別部落に生まれたAさんが受けた結婚差別の事実がもとになっています。多くの市町村でビデオの貸し出しがなされていますので、機会があれば一度ご覧ください。

Aさんは、高校を卒業後、1年間和文タイプを習い、大阪にある印刷会社に就職しました。B君は彼女が借りた同じアパートに住んでおり、1964年頃から二人は交際を始めました。当初、B君の両親は交際に反対していましたが、B君は両親を説得するためであるといって、Aさんに料理や編み物、和裁を習うよう求め、Aさんはそれに励みました。そしてようやくB君の両親は、「今までのことは水に流して、これからはBの婚約者として家に出入りしてくれ」と、2人の交際を認めたのです。

1968年10月には、B君の両親はAさんの熊本にある実家に行き、「Aさんを嫁にもらいたい」「結納などは、大阪のほうでするからまかせて安

心してください」と伝えました。そして同年12月には結納金と指輪をAさんは受け取りました。

　ところがB君の両親は、同じ12月に、N調査会社にAさんの身元調査を依頼したのです。上がってきた報告書には、「同家が所在する地域は、往時から特殊部落として一般から敬遠されているが、本人方は同部落の中心地に代々居住しており、種属平等の現在、これを云々することには疑問もあるが家柄としてはやや考慮の余地があると思われる」と記載されていました。これをきっかけに、B君も両親も手のひらを返したように冷酷になり、一方的に婚約を破棄しました。

　Aさんはあまりのひどい仕打ちに、ついに大阪地裁にN調査会社を告訴しました。裁判は、1973年4月にAさんが勝訴しましたが、N調査会社は控訴し、それが棄却されると最高裁にまで上告しましたが、その主張は認められることなく敗訴が確定しました。

　この事件とは別に、1969年にはS興信所差別事件が発生しています。この事件は、香川県の被差別部落に生まれたCさんが滋賀県に移り住み、結婚して息子さんも生まれました。京都の呉服商に勤めていたその息子さんに、縁談がもちあがり、結納まで進みました。ところが結婚式の数日前になって突然、相手の親より「この話はなかったものにしてくれ」との申し入れがなされたのです。執拗にその理由を問いただしたところ、S興信所に身元調査を依頼し、その結果、母親のCさんが部落出身であることが判明したことによるとの事実が明らかになりました。この事件は、新聞でも大きく取り上げられました。

　こうした事例は「かつてのこと」ではありません。差別による破談や、ときにはそれが取り返しのつかない事態に発展する事件は、いまだに後を絶っていません。「2000年大阪府部落問題調査」での「同和地区内意識調査」では、回答者7,418人のうち、2,085人（28.1％）が「差別を受けたことがある」と回答していますが、このうち514人（全体の6.9％、被差別体験を有する人の24.7％）が「結婚のことで」としています。この割合を母集団数の67,789人で換算すると、結婚で差別を受けた事例は、4,697人

にのぼります。部落差別は、身元調査という行為を通して、許すことのできない差別の現実をつくり出してきました。

2 個人情報が盗み取られている

「関係論」は、差別の現実を社会が抱える矛盾や人権侵害の「反映」であり、その「集中」的な現れであるととらえます。ではこの立場から結婚差別問題の現実を考えてみると、どのようなことになるのでしょうか。

結婚差別が引き起こされる場合、そこには必ず二つの条件が必要です。一つはいうまでもなく部落出身者に対する差別意識です。もう一つが、相手が部落出身者であるかどうかの見極めです。相手が部落出身者であると判断されたとき、この差別意識ははじめて具体的な差別行為へとエスカレートされるのです。それが結婚差別事件です。

この見極めの手段として登場するのが身元調査です。相手が部落出身者であるかどうかを知りたければ、相手に尋ねるのが一番です。しかし、それは露骨な差別的行為であることは多くの場合、承知されています。そこで、相手にわからないようにこっそりと調べることになります。それが身元調査と呼ばれているもので、興信所や探偵社と呼ばれる調査専門業者に依頼されることが一般的です。調査会社は関係者への聞き取りや現地訪問をし、ときには被調査人の戸籍謄抄本を不正に入手するなどして報告書を作成し、依頼主に提出します。それによって報酬を得るのです。

明らかなとおり、こうした一連の行為は、重大なプライバシーの侵害です。個人情報が本人の承諾もなしに勝手に入手され、しかもそれが「報告書という商品」になって売りさばかれているのです。結婚差別事件の背景には、「婚姻の自由」の侵害ばかりではなく、こうしたプライバシーの侵害という人権侵害の深刻な現実が貫かれているのです。

「関係論」の立場からすれば、しかしそれは何も部落出身者の結婚にかかわるときだけの特殊な現実ではなくて、プライバシーの権利が顧み

られていない日本社会の現実の「反映」であるということになります。つまり、私たちも皆、日常的に個人情報が盗み取られ、しかもそれを勝手に使われている実態があることを部落の結婚差別問題が提起しているということなのです。

　例えば、知らないところからある日突然、ダイレクトメールが送られてきた経験はないでしょうか。英会話教室や家庭教師の勧誘の電話がかかってきて、迷惑に感じたことはないでしょうか。相手はまるで自分の家の家族構成やその年齢までも熟知しているかのように、じつに「ピッタリとした」情報を投げかけてくるのです。

　私自身もこうした経験は数え切れなく体験しています。はじめての娘が生まれたとき、母子がまだ病院にいる間に、早くも「出産祝いのお祝い返し」のカタログが送られてきました。その後娘たちの入学や卒業、さらには成人式などの節目には、忘れず律儀に「ピッタリな」各種案内が届けられるのでした。父が亡くなった年には、その法要の席にと、料理屋さんや仕出し屋さんから何種類もの「お膳のカタログ」が届いたこともあります。

3　プロの告白

　プライバシーの権利が平然と侵害されている現実が、私たちの身の回りに漂っています。部落出身者に対する身元調査もこうした世の中の「反映」であったのです。しかし、ダイレクトメールや勧誘の電話などであればそれは「迷惑」のレベルですむ被害ですが、部落出身者に対するそれは、人生を左右し、ときには死にいたらしめるほど厳しく「集中」した被害をもたらすものとしてあるのです。結婚差別という部落差別の実態は、日本社会において、いかにプライバシーの権利が侵害されているのかという現実を広く市民に告発し、それを放置することがいかに危険なことであるのかを警告するものとしてあったのです。

　次の記録は、長野県同和教育推進協議会が1979年８月に開催した「第４回・信州人間大学」において、全国調査網連絡協議会会長の竹内義雄

さんがおこなった講演の一部です。正直に語られているその実態のなかに、部落の結婚差別問題が提起してきた、身元調査問題の重大性を読み取ることができます。

「調査は、まず、親と子の血統にしぼっておこなう。名前、本籍地、出生地、現住所、生年月日、戸籍筆頭者、続柄、世帯主、出身校、何年度の卒業、学業成績、得意の科目、欠席日数、特に病欠については理由を詳しく調べる、勤務先はどこで、何年間の勤務であるのか、どのくらいの収入か、勤務先の将来性について、将来役職につける人かどうか、課長級になれる人かどうか、人づき合いはよいほうか、悪いほうか、ギャンブルはどうか、酒のみか、大酒のみで酒乱のクセはないか、運転免許の有無、その他国家資格をもっているか、特に環境、趣味、嗜好、ぜんそく、糖尿病についてくわしく調べる、お父さん、お母さんのしつけ、両親の性格、思想については、保守系か、左翼系か、極端な右翼系かなど調べる。以上を調べたら今度はその家系をさかのぼって調べる。兄弟はもとより、お父さん、お母さんの叔父さん叔母さんにあたる人の実家で精神病で亡くなった人はいないか、また、病院に入院したことはないか、くわしく調べ、もしいたとしたら、その人は、お父さんの血筋で何にあたる人か、ほり下げて調べる。現在は本人から三代前まで調査の対象にしている」(『解放新聞大阪版』1979年9月17日付)

4 プライバシーの権利確立へ前進

部落解放運動は結婚差別事件に対する糾弾闘争を展開してきました。同時に、事件の背景を丁寧に掘り下げ、そこに横たわる差別意識の払拭や人権意識の向上に向けた教育・啓発活動の強化を提案し、実現してきました。しかし解放運動が提起したのは、教育や啓発の課題だけではありません。差別意識を具体的な結婚差別行為に結びつける「身元調査」に対しても、取り組みは精力的に展開されました。それが1980年前半か

ら本格的に開始された「身元調査お断り運動」という市民運動の展開です。「身元調査を依頼しない」「身元調査で聞き込みに来られても協力しない」ことを市民がお互いに申し合わせ、日常生活の現場から身元調査を根絶していこうという建設的な取り組みです。多くの自治体において、また各種団体や町内会などの自治組織において「身元調査お断り」が申し合わされていきました。さらに個々の意志をアピールする手法として、身元調査お断りのワッペンやシールが作成され、家の入り口に張り出されていきました。さきに紹介した『明子の愛そして』(1982年) という映画はこのような活動のなかで制作され、その上映運動が「身元調査お断り運動」の一環として展開されたのです。

こうした戦闘的な取り組みを支えたのは、部落出身者に対する結婚差別の生々しい現実であったとともに、それを支えているプライバシーの侵害という人権侵害が、じつはすべての市民の課題でもあることを的確に訴えたことでした。

大阪では、取り組みは調査業界にも広がり、1980年には「人権尊重思想の普及・高揚」「人権に係わる調査についての自主規制」「調査業の適正な運営と健全な発展」を目的として、(社) 大阪府調査業協会が設立されました。1981年には、大阪府に「プライバシー保護研究会」が設置され、1983年3月に報告書がまとめられました。この報告書を受けて、1984年に施行された「大阪府公文書公開等条例」では、第9条に「個人の思想、宗教、身体的特徴、健康状態、家族構成、職業、学歴、出身、住所、所属団体、財産、所得等に関する情報（事業を営む個人の当該事業に関する情報を除く）であって、特定の個人が識別され得るもののうち、一般に他人に知られたくないと望むことが正当であると認められるもの」を「公開をしてはならない」と規定しました。

さらには、1984年に「興信所・探偵社問題専門家懇談会」が設けられ、その意見をふまえて、1985年に「大阪府部落差別事象に係る調査等の規制等に関する条例」が制定され、差別調査がはじめて法的規制の対象とされました。そしてこうした動きは、全国各地に波及していきました。

国内の取り組みに加えて、1980年に採択されたOECD理事会の「プライバシー保護と個人データの国際流通についてのガイドラインに関する勧告」も作用し、国においても個人情報保護に関する法制化の作業が動きだしました。1988年には、まずは公的機関を対象とした「行政機関の保有する電子計算機処理に係る個人情報の保護に関する法律」が制定されました。さらに、民間機関が保有する個人情報問題について、政府の「個人情報保護法制化専門委員会」は2000年9月に法律の大綱案を示し、法制化の方向を示しました。

　これに対しては、マスコミ業界や宗教界からは、活動の規制となるなどの反発も出され、必ずしも十分なものであるとはいえませんが、「個人情報の保護に関する法律」が2003年5月に成立し、2005年4月から施行されました。部落出身者の身元を暴くという差別への糾弾闘争は、すべての市民のプライバシーの保護へと発展を遂げてきたのです。

第9章 「関係論」からの発展
あらたな差別論の構築

1…差別の機能と発動

1 差別の社会的機能

　「反映」と「集中」というキーワードで表現される「関係論」の視点は、ひとり部落問題だけに適応されるものではありません。障害者差別や在日外国人差別などを「関係論」の視点で眺めるとき、それは日本社会が抱えている諸課題を集中的に表現していることに気づかされます。つまり、日本に存在するさまざまな差別の現実は、さまざまな日本社会の矛盾を浮き彫りにし告発しているのです。

　そこからは、「差別」というものがもつ社会的機能やメカニズムが浮かび上がってきます。つまり、「関係論」から導かれる「差別の社会的機能」とは次のように提示することができるのです。

> 「差別」は、その社会がもつ矛盾や人権の課題、あるいはその社会を形成維持するためのしわ寄せを、差別の対象とされている人びとに集中的に招き寄せる。

　差別は、その社会が抱えるさまざまな困難をより深刻に、より慢性的に、より厳しい形で被差別の人びとの上に現象させます。そこに差別の社会的機能があるということです。

　したがってある特定の差別にあっても、そのベースとなる社会状況の

変化に照応して、差別の現実は、時代や地域の実状を反映した多様な形態、多様な内容をとって表現されることとなります。つまり、封建時代には封建時代の、資本主義社会では資本主義社会の矛盾がそれぞれの時代の被差別の人びとにしわ寄せされるということです。また、日本では日本の、アメリカではアメリカの、中国では中国の社会矛盾が、それぞれの国の被差別対象者の上に集中的に導かれていくということです。

さらには、都市では都市の、農村では農村の矛盾が集中していくということです。そして、経済の高度成長期には高度成長期の、不況時には不況時の矛盾が、高齢者には高齢者にかかわる問題が、教育分野では教育課題にかかわる問題点が被差別の人びとの状況に凝縮されていくことも意味しています。

差別のもつ社会的機能は、その時代、その社会が抱える人権の課題や矛盾を差別の対象者に集中させる点に認めることができます。その意味で「差別」は、社会矛盾の現象速度を早め、それをいっそう顕著に現出させるという役割から、化学反応における「触媒」になぞらえることができるでしょう。そしてその結果生じている差別の現実とは、その社会が内包する社会矛盾のありかを指し示し、解決すべき課題を提起しているという点において、社会変革の発信源だととらえることができます。

> 部落差別の現実を見つめると、部落の問題がわかる。同時にそこに、社会の矛盾や人権の課題が見えてくる。差別の現実に市民の人権の課題を発見しよう。市民との協働によって、矛盾や人権の課題を抱える社会の現実を変えていこう。部落差別の解消は、部落に対する特別対策によってではなく、こうした社会の変革の中にこそ展望される。

部落問題における「関係論」のこのテーゼは、「部落」の部分を「障害者」「在日外国人」「女性」などに置き換えても通用する「差別の社会的機能」ということです。

2　機能発動のメカニズム

　ではこうした「差別の社会的機能」は、どのようなメカニズムの中で発動されていくのでしょうか。

　その最もストレートな形は、差別意識による直接的な排除であり、それによる矛盾や人権侵害の集中でしょう。「社会の制度」として差別が存在していた時代には、こうした公然とした差別行為や差別待遇が「差別の社会的機能」を発動させていきました。今日の言葉を用いれば「直接差別」といわれるものです。

　しかし今日では、社会の制度として差別を容認したり、目的意識的に差別を助長するような状況は存在しないといってよいでしょう。例えば部落問題を考えた場合、憲法をはじめとして「人権の尊重」は日本社会の基本姿勢として打ち出されているのです。にもかかわらず、なお部落差別の現実が厳然と存在し続けているのはなぜかということです。

　それは、さまざまな現行の社会の制度や施策のもとにあって、歴史的に累積されてきた実態的および心理的差別の現実が、その制度や施策の中でしかるべく被差別の人びとにマイナスに機能するからだといえます。その結果、現行の制度や施策から導かれる低位な状況を被差別の側に集中的に導き寄せることとなっているからだといえます。

　第8章で取り上げた「社用紙」の問題を思い起こしていただければありがたいです。「社用紙」には、どこにも「部落出身者であるかどうか」を問う項目はありませんでしたし、「部落出身者お断り」という記述もなされていません。しかし、「親の職業や学歴」「家の居住実態」「家の資産」など、部落の子どもたちが求められるままに「生活の実態」や「親の現実」を正直に書き進めていけば、明らかに不採用にしかならない差別の実態が広く、深く存在していたのです。「社用紙」を提出するまでもなく、「不合格」が見えてくるのです。こうしたなかで部落の多くの子どもたちは、受験すらできないままに「安定した企業」から結果として排除されていきました。差別の実態が、採用選考における野放し

の「社用紙」のもとでマイナスに機能し、その結果、部落の人びとを再び不安定な就労実態へと導くことになっていったのです。

　社会のさまざまな制度、政策にとって、こうした事態は「思いのほか」の出来事であったかもしれません。なぜなら、それぞれの制度や施策はけっして差別の再生産や助長を目的としたものなどではなかったからです。にもかかわらず、結果としてそれらは、差別の現実の再生産の役割を果たすこととなっていきました。そしてこうして形成された新しい差別の現実が、これら諸制度のもとでまたマイナスに機能し、新たな差別の現実を導くという連鎖が形成されていきます。

　結局のところ、今日の社会は部落出身者など被差別の立場におかれてきた人びとを「意識的に差別する」構造にあるのではなく、これら人びとが「結果として差別される」構造、「自動的に差別される」構造におかれているということができるのです。今日の言葉を用いれば「間接差別」といえるものであり、さまざまな差別における「縦の悪循環構造」はこうした差別の機能の世代間転移であるといえます。

3　「5領域論」と「関係論」

　ところで第2章で、部落差別の現実認識における「5領域論」を提起した際、部落差別の現実を包み込む形で存在する「外縁領域」を設定しました。それは「それ自体を部落差別の現実だとは規定できない。今日それ自体に部落差別を助長する目的意識性もない。しかし、部落差別の現実と密接にかかわっている社会の現実」として規定したものでした。

　「関係論」の視点から「差別の機能」や「機能発動のメカニズム」を提示してきましたが、そこで取り上げた社会矛盾の集中を部落に導き寄せる「さまざまな現行の社会の制度や施策」とは、じつは実態面におけるこの「外縁領域」を構成しているものであると言い換えることができます。

　差別の現実認識における「5領域論」とその形成のカラクリとしての「関係論」とのつながりが見え始めてきます。つまり、「差別の機能」や

「機能発動のメカニズム」とは、差別の現実の「5領域」とその「外縁領域」とを結ぶ「回路」を意味しているのです。

2…障害者問題での「社会モデル」と「関係論」

1　二律背反的発想からの脱却

「反映」と「集中」というキーワードで表現される「関係論」の視点は、障害者差別の問題においても、それをわかりやすく解き明かしてくれます。その出発は、第6章でも触れた、「『違い』への着目から『共通性』への関心へ」です。一言で言えば、人間を「障害者」と「健常者」という二つのカテゴリーに分類し、両者は互いに異なった存在であるという二律背反的なとらえ方から脱却しようということです。

図27をご覧ください。これは、自力移動の力と身体条件との関係を表現したものです。車いすを使わないと移動できない身体障害者は、図ではAの位置にあたります。では、障害者ではない人はどの位置にあたるのでしょうか。それは、ある特定の位置ではなく、私たちの自力移動の

図27　自力移動の力と身体条件

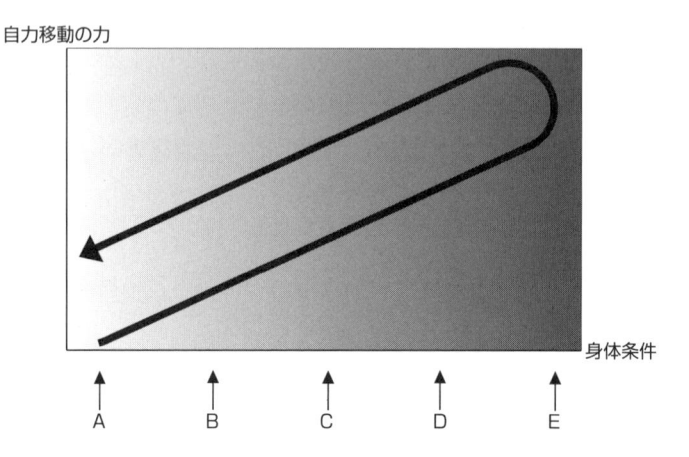

力は、年齢や身体的な条件によって変化するのです。

　生まれたばかりの赤ちゃんは寝返りすらうつことができないわけで、グラフではＡの位置にあたり移動力はゼロです。やがてハイハイをし、伝い歩きをし、ゆっくりと歩き始めるといった具合に、ＢＣＤへと移動力は高まっていきます。そして20歳前後でその力は最大値Ｅに到達しますが、今度は逆に、年を重ねるにつけてその力は低下していきます。長距離を走るのは無理になり、短い距離でも走れなくなり、歩くのに手すりが必要になり、さらには階段の上り下りが困難となり、杖がいるなど今度はＥからＡに向っていくのです。もちろん自力移動力の変化はこんなに単調なわけではなく、病気やけがなどによってもさまざまに影響を受けます。

　つまり、移動する力においては、「障害者」と「健常者」という二分された二つのグループがあるのではなく、さまざまな条件のもとにある人びとにおいてそれはグラデーションをなしているのです。そうであるとすれば、障害者が抱えている「移動の自由」に関する困難は、何も障害者だけに現れる固有の困難ではなく、「移動の自由」に関してすべての人びとが抱えている困難の「反映」であり、同時にその「集中」的で最も厳しい実態であるといえます。

　したがって、障害者における「移動の自由」の制限を障害者だけの問題であると切り取ってとらえるのではなく、そこに「移動の自由」の保障にかかわる市民の課題が凝縮して表現されていると受け取るべきなのです。言い換えれば、市民の「移動の自由」に関する課題が障害者の困りごとや要求の中から発信されているのです。障害者の実態から「移動の自由」に関する課題を発見し、協働して「移動の自由」を制限しているこの街のあり方を変革していこうということが求められます。例えば、駅にエレベーターを設置したり、段差のあるところにスロープをつけたりすることです。

　こうした改善をかつては「障害者対策」などと呼び、まるで障害者のためだけの施策のようにとらえられていました。そしてときには、「わ

ずかな人数しかいない障害者のために、なぜ市民の税金をエレベーターやスロープの設置に使うのか」といった批判さえ出されることもあったのです。しかし今日では、それを「ユニバーサル・デザイン」という言葉で表現し、最も困難を抱えた人に基準を合わせることが、すべての市民の人権保障にかかわる大切な取り組みとして位置づけられています。

障害者の困りごとや悩みごと、希望や要求を「障害者の問題」とするのではなく、そこにすべての市民が安心して暮らしていけるまちづくりへのヒントが提供されていると受けとめていこうということです。「関係論」の視点に立つとき、障害者問題は新たな意味を問いかけ始めます。

2 「医学モデル」と「存在論」「状態論」

障害者問題における「関係論」的認識は、1980年代以降主流になってきた「社会モデル」と呼ばれる「障害」のとらえ方と一体のものです。これに対してそれまでの「障害」のとらえ方は「医学モデル」と呼ばれるものでした。

従来の「医学モデル」といわれる「障害」のとらえ方は、「障害」を当事者の心身の状態として理解します。「障害」を障害当事者の身体の中にあるとするもので、さまざまな困難の理由を障害者の「障害」に求めるものです。例えば、Aさんは「交通事故によって足が動かなくなった」という障害があるため車いすを使用しているが、そのために「地下鉄が利用できない」という困難を被っている、といった具合に理解するとらえ方です。

障害者基本法の第2条には、「この法律において『障害者』とは、身体障害、知的障害又は精神障害（以下「障害」と総称する。）があるため、継続的に日常生活又は社会生活に相当な制限を受ける者をいう」とありますが、この定義がまさに「医学モデル」に立脚したものです。つまり、「身体障害、知的障害又は精神障害があるため」に「相当な制限を受ける」ととらえているからです。

当事者の中に「障害」があるとすれば、自らに降りかかる不便や差別

からの脱却は、自らの中にある「障害」の除去以外に道はありません。例えば手術やリハビリによる機能回復の実現です。しかし、すべてが手術やリハビリによって克服されるとは限りません。もしもそのような事態にあったとすれば、生涯にわたって不便や差別から逃れられないことになってしまうのです。これは、差別の原因は「差別される者の存在にある」とした「存在論」や、「被差別者の状態に差別の原因がある」とする「状態論」と符合するものです。

こうしたとらえ方からは、障害者をかわいそうな存在として受けとめる意識が生み出され、社会的な恩恵と保護による救済の対象としてとらえられることになっていきます。そしてときには、存在そのものを社会から排除することを目的として、監禁や隔離さえおこなわれてきたのです。

「医学モデル」は障害者に、機能回復への努力をうながします。しかし必死の努力にもかかわらず、「回復」が困難であると自覚されたとき、もうこの状態から逃れられないという絶望は自らを傷つけ、ときには取り返しのつかない悲劇さえ引き起こすことがあったのです。

3 「社会モデル」と「関係論」

「存在論」や「状態論」を乗り越えて「関係論」が登場したように、障害者差別の真実を見抜く営みは、「医学モデル」に対して「社会モデル」と呼ばれる関係論的発想に立つ「障害」のとらえ方を登場させました。それは、「障害」を個人の属性としてとらえるのではなく、「社会の環境」と「障害という特徴」との相互の関係のなかから生じる障壁であるとするとらえ方です。

例えばさきほどのAさんの例です。Aさんは「交通事故によって足が動かなくなった」という障害があるために「地下鉄が利用できない」現実が生じたとします。しかしそれは、Aさんが「足が動かなくなり車いすを使用している」から「利用できない」のではなく、その「地下鉄にエレベーターや車いすで通過できる改札機の設置などが整備されていな

い」から「利用できない」ととらえるのが「社会モデル」です。

　社会のあり方こそが「障害」をつくっているのだという「社会モデル」に立つとき、障害者問題をめぐる認識はコペルニクス的転回を遂げます。障害者は、「障害者でええやないか」とありのままの自分を肯定的に受け入れることとなります。めざすのは、「障害からの解放」ではなく、「障害を生み出す差別社会からの解放」へと転化されていきます。そして、社会の責任とあり方が問われてくるのです。

　1981年の国際障害者年をふまえて打ち出された「国際障害者年行動計画」は、「62. 国際障害者年は、個人の特質である『身体的・精神的不全（impairment）』と、それによって引き起こされる機能的な支障である『障害（能力不全）(disability)』そして能力不全の社会的な結果である『不利（handicap）』の間には区別があるという事実について認識を促進すべきである」とし、「63. 障害という問題をある個人とその環境との関係としてとらえることがずっとより建設的な解決の方法であるということは、最近ますます明確になりつつある。(中略) 文化的・社会的生活全体が障害者にとって利用しやすいように整える義務を負っているのである。これは、たんに障害者のみならず、社会全体にとっても利益となるものである。ある社会がその構成員のいくらかの人びとを閉め出すような場合、それは弱くもろい社会なのである。(後略)」と明文化しています。「社会モデル」への転換を画すものであり、まさに「関係論」の発想です。

4 「合理的配慮」の欠如は差別である

　2006年12月に国連で採択された「障害者権利条約」（2007年5月発効）は、「合理的配慮」という概念を定義し、「合理的配慮」をおこなわないことは「障害に基づく差別である」との画期的な規定をしました。つまり、「合理的配慮」とは「障害のある人が他の者との平等を基礎としてすべての人権及び基本的自由を享有し又は行使することを確保するための必要かつ適切な変更及び調整であって、特定の場合に必要とされるも

のであり、かつ、不釣合いな又は過重な負担を課さないもの」で、それをなさないことは差別にあたるとしたのです。

　考えてみれば、この社会は「健常者」を基準にした配慮に満ちあふれています。横断歩道の青信号の点灯時間やエスカレーターの速度、「墨字」だけの案内板など、例をあげればきりがありません。洋画の字幕スーパーも同じです。これは英語が理解できない多くの日本の市民への合理的配慮です。ところが、聴覚障害者への合理的な配慮である「邦画における字幕スーパー」はないのです。

　全国ではじめて制定された千葉県の「障害者差別禁止条例（正式名称：障害のある人もない人も共に暮らしやすい千葉県づくり条例）」の制定運動を市民とともに取り組んでこられた野沢和弘さんは、著書『条例のある街』（ぶどう社、2007年）において、視覚障害者である高梨憲司さんのあるタウンミーティングでの話を次のように紹介しています。

　「神様のいたずらで、障害者はどの時代にもどの町でも一定の割合で生まれる。しかし、神様のいたずらが過ぎて、この町で目の見えない人が多くなったらどうなるか。みなさん考えてみてください。私はこの町の市長選に立候補する。そしたら目が見えない人が多いので、私はたぶん当選するでしょう。そのとき、私は選挙公約をこうします。この町の財政も厳しいし、地球の環境にも配慮しなければいけないので、街の灯りをすべて撤去する。そうしたら、目の見える人たちがあわてて飛んでくるでしょう。『なんて公約をするんだ。夜危なくて通りを歩けやしないじゃないか』と。市長になった私はこう言います。『あなたたちの気持ちはわかるけれど、一部の人たちの意見ばかり聞くわけにはいきません。少しは一般市民のことも考えてください』。そう、視覚障害者である私たち一般市民にとっては、灯りなんてなんの必要もない。地球環境がこんな危機に瀕しているのに、なんで目の見える人はわかってくれないのだろう」

つまり、「社会モデル」は「障害者に対する特別な配慮」を求めるものではありません。そうではなくて「配慮の平等」を社会に提案しているのです。こうした社会の変革の道こそが障害者問題解決の方向であることを訴えています。

3…「協働」による啓発効果

1 「2000年大阪府部落問題調査」の意外な結果

ところで、「関係論」から導かれる部落住民と市民による、課題解決への協働の営みは、懸案事項の解決だけにはとどまらない思わぬ成果をおさめていることが「2000年大阪府部落問題調査」から明らかになりました。

「2000年大阪府部落問題調査」の一環である「府民意識調査」では、調査対象者が同和地区と同一の中学校区に居住する府民であるのか、それ以外の府民であるのかの識別ができるように設計されました。これは従来から「同和地区の周辺住民ほど差別意識が強い」といわれてきたことを検証し、その背景や解決への課題を探ろうという問題意識からなされたものです。

差別意識をはかる検証軸として用いられた変数は、①「もし、あなたが、家を購入したり、マンションを借りたりするなど住宅を選ぶ際に、同和地区を避けることがあると思いますか」という同和地区に対する忌避意識と、②「自分の子どもの結婚相手を考える際、『相手が同和地区出身者かどうか』が気になりますか」という同和地区出身者に対する結婚での忌避意識でした。

ところが実際に調査をおこなってみると、同一校区府民のほうが、いずれの忌避意識においても明らかに弱いという結果が出たのです。仮説とはまったく逆の答えでした。その詳しい分析については、拙著『「人

権の宝島」冒険』の「第8章　周辺住民ほど忌避意識は弱い！」で紹介していますので、ここでは結論だけを示しますと、どうやら「同和地区に住んでいる人とのつきあいの有無」が忌避意識に影響を与えていることがわかったのです。つまり、同一校区府民ほど近くに住んでいるのですから「つきあい」の機会が多いことは当然であり、そのことが忌避意識を薄めることと結びついていたのです。

　しかしそれでは、次のような疑問が生じてきます。それは、近くに住んでいることによる「つきあい」の機会の多さは、これまでにおいても同様にあったはずです。にもかかわらず、従来は「周辺住民ほど差別意識が強い」といわれてきたことと矛盾するのではないかということです。

　そこで、調査結果をさらに詳細に分析してみると、じつは、どんな「つきあい」でも忌避意識の軽減に影響を与えているのではないことが明らかになりました。影響を与えているのは「つきあい」のなかでも、「福祉や子どもの教育などで、地域の取り組みを一緒にしている（したことがある）」場合や、「同じ職場で働いているなど、仕事の関係でつきあっている」場合に限られていたのです。そのほかの、例えば「近所づきあいをしている」といった「つきあい」では、忌避意識と統計的に有意な関係は認められませんでした。

　こうした調査の結果は、G.W.オルポートが著書『偏見の心理』（培風館、1968年）で展開した「接触理論」の正しさを証明するものでした。彼はそのなかで、「被差別の立場にある人びととそうでない人びととの接触がステレオタイプの打破や友好的な態度の発展に寄与する」というそれまでの考え方に反論し、「接触」ただそれだけでは、自動的に偏見の解消に結びつくものではないと主張しました。それどころか、「偶然の接触」は偏見を悪化させかねないことに注意をうながしたのです。

　そこから彼は、「問題の核心は（中略）その接触が表層どまりであってはならないということのようである。いっしょに物事をするようにしむけるたぐいの接触のみが、おそらく態度の変化をもたらすだろう。（中略）連帯性をはぐくむのは目標への協同的精進である」と指摘し、

「接触がこの二つの集団メンバー間の共通の利害や共通の人間性などについての知覚を呼び起こしているたぐいのものである場合には、大いに高められる」と結論づけています。

オルポートの「接触理論」をふまえるとき、周辺地区住民の「忌避意識」にかかわる「従来の言説」と「今回の調査結果」とは、けっして矛盾するものではないことが理解されます。「近隣である」という地理的条件による「偶然の接触」は、ただそれだけでは「忌避意識」を弱めるものではなく、むしろときには差別意識を助長することさえあることを「従来の言説」は物語っていたのです。

ところが近年においては、部落内外の住民が力を合わせた「福祉や子どもの教育などの地域の取り組み」が「人権のまちづくり運動」として展開されてきました。一緒に汗をかきながら、「表層どまりではない」「目標への協同的精進」が実践されてきたのです。そのことが「共通の利害や共通の人間性などについての知覚を呼び起こす」こととなり、忌避意識の克服に結びついてきたものと考えられます。

部落の課題を周辺住民の課題と重ね合わせる「関係論」的発想は、部落内外の協働を生み、そしてその協働が差別克服への大きな啓発効果を発揮し始めているのです。

2 コミュニティづくり協働モデル支援事業

もちろん1回限りの調査でこうした知見を断定することは不十分です。そこで、この知見が妥当なものであるのかどうかを検証するために、「2005年大阪府民意識調査」でも検証を重ねています。その結果、やはり「同和地区住民とつきあいがある」とした人ほど、忌避意識は弱くなっていました。さらに、そのつきあいで有意な相関関係が認められたのは、やはり「福祉や子どもの教育のことなどで、地域の取り組みを一緒にしている（したことがある）」と「同じ職場で働いているなど、仕事の関係でつきあっている」の場合に限られていました。二度にわたる調査の結果は、「関係論」的発想による部落解放運動の推進に対し、いっそうの

意義を認めるものとなりました。

こうした調査結果から、(財) 大阪府人権協会は2009年度から「コミュニティづくり協働モデル支援事業」を創設することになりました。その募集案内の目的の項には次のように記載されています。

> 「被差別・社会的マイノリティに対する忌避意識や偏見の克服、差別の解消は大きな課題となっています。この解決のためには、被差別・社会的マイノリティ当事者や関係者と地域住民とが、地域における共通の課題を解決するために、ともに考え、ともに取り組むことによって、地域住民の間での関係づくりをすすめ、排除や孤立のない人権尊重のコミュニティづくりをめざすことが大切です。『コミュニティづくり協働モデル支援事業助成金』は、被差別・社会的マイノリティ当事者や関係者と地域住民が協働で取り組む活動等への支援を行い、偏見や差別の解消を図ることを目的とします」

事業は、広く助成対象事業を公募し選考のうえ、50万円を限度に総事業の2分の1を助成するものです。また事業報告を兼ねた経験交流会を開催し、実例を通じて被差別・社会的マイノリティ当事者と地域住民との協働をさらに広げていくことをめざしています。この先駆的な事業の成果が期待されます。

3 「共同闘争」から「協働創造」へ

部落が、自ら抱えている生活課題を部落だけの問題と受けとめずに「市民の人権の課題」としてとらえ、子どもの教育や福祉のことなどで広く周辺住民との協働を推進し、ともに力を合わせて課題の解決に取り組んでいくという、「関係論」から導かれる実践は、課題達成だけではなく、差別意識の克服という大きな副産物を生み出していることが調査によって裏付けられました。差別意識の克服は、学習会や研修会によってだけではなく、こうした、部落内外の共通した「目標への協同的精進」

が有効であるとの発見は、「関係論」の意義をさらに確信させるものです。そしてそこに見えてくるのは、部落解放運動における新しい共同闘争論です。

共同闘争は、全国水平社の結成以来の部落解放運動の誇れる伝統です。その第一は、被差別人民との連帯です。全国水平社による「衡平社」（朝鮮半島における「白丁」と呼ばれた被差別階層の組織）との連帯や、ナチスのユダヤ人迫害に対するドイツ政府への抗議などは有名な事実です。戦後も、障害者や在日外国人、アイヌの人びとやハンセン病回復者などとの連帯を築いてきました。こうした被差別人民との連帯は、1974年の「被差別統一戦線」の呼びかけや、1976年の「反差別共同闘争」の提起として表現され、1988年には「反差別国際運動（IMADR）」の結成へと発展を遂げています。

第二の共同闘争の柱は、階級的連帯です。「部落の解放なくして労働者の解放はない！　労働者の解放なくして部落の解放はない！」とのスローガンのもとに、部落解放運動と労働組合運動との連帯が推進されてきました。そして1975年には、部落解放中央共闘会議が結成されています。

「関係論」からの提案は、そのうえに第三の共同闘争のスタイルを提案するものです。それが「市民との協働」です。従来の「被差別という立場」「階級的という立場」という「立場」に依拠した共闘ではなく、生活の改革をめざす「課題」を結集軸にした「市民との協働」です。その新しい共闘のスタイルに、生活実態の改善や人権のまちづくりの推進、さらには差別意識の克服という戦略的意味をとらえようというものです。

「関係論」は、「立場」に立脚した「共同闘争」から、「課題」に立脚した「協働創造」へと、共同闘争の歴史に、新たな1ページを加えるものです。

4…排除と忌避

1 ソーシャル・インクルージョン

　「存在論」や「状態論」から「関係論」へという差別のとらえ方の発展は、新しい社会福祉政策の発想とも強く響きあうものとしてあります。そのキーワードがソーシャル・インクルージョン（社会的包摂）です。

　厚生省社会・援護局は、「社会的な援護を要する人びとに対する社会福祉のあり方に関する検討会」を設置し、2000年12月に「報告書」をまとめました。この「報告書」は、従来の福祉が貧困や障害、高齢といった対象者の「状態」に着目して施策を組み立ててきたことに対して、今後は孤立や排除といった「関係」に視点を当てて取り組みを構築することを提言したもので、新しい福祉政策のあり方の画期をなすものとしてあります。

　「報告書」はその冒頭に、「戦後、我が国は、混乱した貧しい社会から立ち上がり、豊かな社会を創造してきた。社会福祉も『貧困からの脱出』という社会目標に向け、一定の貢献をしてきたことは評価されてしかるべきであろう」と述べ、「状態の改善」に社会福祉が成果を収めてきたことを取り上げています。

　しかしその一方で、「近年、社会福祉の制度が充実してきたにもかかわらず、社会や社会福祉の手が社会的援護を要する人びとに届いていない事例が散見されるようになっている」「社会的孤立や排除のなかで『見えない』形をとり、問題の把握を一層困難にしている。孤独死や路上死、自殺といった極端な形態で現れたときにこのような問題が顕在化することも少なくない」として、「孤立や排除」という関係の断絶が、社会的援護を要する人びとを結果として無視してしまっている状況を指摘しています。こうした現状認識の上に立って「報告書」が重視したのが「つながり」であり、社会の一員として包み支えあう関係の構築です。

　「報告書」は、「今日的な『つながり』の再構築を図り、すべての人々

を孤独や孤立、排除や摩擦から援護し、健康で文化的な生活の実現につなげるよう、社会の構成員として包み支えあう（ソーシャル・インクルージョン）ための社会福祉を模索する必要がある」としたうえ、「社会福祉は、その国に住む人々の社会連帯によって支えられるものであるが、現代社会においては、その社会における人々の『つながり』が社会福祉によって作り出されるということも認識する必要がある」「人々の『つながり』の構築を通じて偏見・差別の克服など人間の関係性を重視するところに、社会福祉の役割があるものと考える」とまで踏み込み、そのことを実現するための「新たな公」の創造を提言しています。

　「報告書」が提示した新しい社会福祉のとらえ方は、①「存在」や「状態」を問題にする発想から「関係」への着目、②状態の一定の改善はなされたものの、福祉が素通りしている人びとの発見、③人と人との関係の断絶を乗り越えて新しい「つながり」の再構築が偏見や差別の克服と通じるとの指摘など、本書での差別のとらえ方の発展と深く共鳴しています。そして「新たな公」という組織論や「ソーシャル・インクルージョン（社会的包摂）」という政策論を提案し、イギリスやフランスでの先進的な実践への学びを呼びかけています。「関係論」発展への重要な道筋がそこに示されています。

2　見なされる差別──忌避意識論

　「孤立や排除」という人と人との関係に着目した部落問題における「関係論」、それが「忌避意識論」です。

　1994年の『部落解放への挑戦』（解放出版社）においてはじめて「関係論」を提起した私は、G.W.オルポートの「偏見発露の5段階」（『偏見の心理』培風館、1968年）や、A.H.マズローの「欲求階層説」（『人間性の心理学』産能大学出版部、1987年）を通じて、差別の現実を「人と人との関係」においてとらえる必要性を学びました。そしてたどり着いたのが、生活実態とは異なる、人間と人間の関係を断ち切る「排除や社会的孤立」という差別の現実に対する新たな認識でした。差別のとらえ方における

人間関係の断絶という視点は「人と人との豊かな関係づくり」という戦略的課題を浮かび上がらせ、自己表現法をはじめとする「関係づくりのスキル」にまでその関心を広げさせてくれることになりました。
　こうしたなかで取りまとめたのが、拙著『人権のステージ』(解放出版社、1998年)の「第5章　人と人との豊かな関係づくり」の論考で、その冒頭は「すべての社会現象は人間の諸活動によって織りなされています。これをマクロな視点からとらえた場合には、人間集団としての社会のありよう(社会関係)が問われることになります。他方ミクロな視点から眺めれば、そこに人間としてのあり方や人と人とのかかわり方(人間関係)が提起されてきます」として書き始めています。
　そこに浮かび上がってきたのが、「排除や社会的孤立」という差別の現実を生み出し支えている人びとの「差別意識」の問題でした。21世紀の今日まで部落差別を残し、部落出身者を孤立させ、部落の人びとを排除している「ごく普通の市民の心のカラクリ」に対する関心と疑問です。拙著『見なされる差別——なぜ、部落を避けるのか』(解放出版社、2007年)は、この関心と疑問にチャレンジした論考であり、「関係論」という差別のとらえ方を、人間関係やその心理面において展開しているものです。
　その意味では、生活実態に焦点を当てた本書と、意識の現実に着目した『見なされる差別——なぜ、部落を避けるのか』(解放出版社、2007年)とは、「関係論」を構成する一対のものであり、同書はいわば本書の第10章にあたるものといっても過言ではなく、触れていただければ望外の幸せです。

　「関係論」からの発展はエンドレスに続きますが、いったんここで筆をおくことにします。「5領域論」と「関係論」そして「忌避意識論」という「解放理論」が三位一体のものとして、差別撤廃への一助になることを願ってやみません。

奥田 均　(おくだ ひとし)

近畿大学・人権問題研究所教授。博士（社会学）。
［主な著書］
『部落解放への挑戦――「補償」から「建設」へ』（解放出版社、1994年）
『人権のステージ――夢とロマンの部落解放』（解放出版社、1998年）
『「人権の宝島」冒険――2000年部落問題調査・10の発見』（部落解放・人権研究所、2002年）
『土地差別問題の研究』（解放出版社、2003年）
『土地差別――部落問題を考える』（解放出版社、2006年）
『結婚差別――データで読む現実と課題』（部落解放・人権研究所、2007年）
『見なされる差別――なぜ、部落を避けるのか』（解放出版社、2007年）
『同和行政がきちんとわかるQ＆A』（共著、解放出版社、2008年）など

差別のカラクリ

2009年10月15日　初版第1刷発行
2010年10月5日　初版第3刷発行

定価はカバーに表示しています

著　者	奥　田　　均
発　行	株式会社　解放出版社

大阪市港区波除4-1-37　振替00900-4-75417
電話(06)6581-8542　FAX(06)6581-8552
東京営業所／東京都千代田区神田神保町1-9
電話(03)3291-7586　FAX(03)3293-1706
ホームページ　http://kaihou-s.com

印刷所　モリモト印刷株式会社

ISBN978-4-7592-1028-6　NDC361.86　217P　21cm　　落丁・乱丁おとりかえします

解放出版社　奥田均の本

見なされる差別　なぜ、部落を避けるのか

「部落出身者と見なされたくない」から部落問題を避けるという差別の現実。日常生活や意識調査、土地差別などの具体例から、属地差別への変遷や「部落出身者」とは誰かの規定、「忌避意識」の構造を考え、新しい社会動向を探る。
ISBN978-4-7592-1026-2　A5判/102頁●定価1,300円＋税

土地差別　部落問題を考える

不動産売買時の「部落の土地かどうか」の差別問い合わせ事件が後を絶たない。宅建業界への人権問題実態調査、土地価格や校区名表示の検証などから実情を示し差別解消への取り組みを提起する「土地差別」についての入門テキスト。
ISBN4-7592-0118-5　A5判/141頁●定価1,700円＋税

結婚差別　データで読む現実と課題

近年、結婚をめぐる状況は大きく変化してきているが、結婚差別は根強く存在している。2000年以降に実施された大阪府ほかの実態調査結果をもとに、浮き彫りになってくる差別の現状を見据え、今後の課題について検討する。
ISBN978-4-7592-8404-1　A5判/91頁●定価1,200円＋税

「人権の宝島」冒険　2000年部落問題調査・10の発見

大阪府が実施した「2000年部落問題調査」の設計から分析まで携わった著者が、自らの部落解放への想いをもとに改めて読み解いた、感動と発見に満ちたデータ検索の軌跡！　ISBN978-4-7592-0225-0　A5判/193頁●定価1,800円＋税

人権のステージ　夢とロマンの部落解放

人権をキーワードとする新しいステージのうえで、部落問題をどうとらえ、解決していくのか。部落差別の現実認識というフィールドで繰り広げられる部落問題「再」発見の旅。
ISBN978-4-7592-1018-7　四六判/208頁●定価1,600円＋税

部落解放への挑戦　「補償」から「建設」へ

第三期という新たなステップを踏み出した今日の部落解放運動。「差別の結果」に対する闘いから、差別を温存、再生産する社会システムの変革への運動へ、戦略の新方向を提言する。
ISBN978-4-7592-1016-3　四六判/248頁●定価1,700円＋税